Tucholsky
Wagner
Zola
Scott
Fonatne
Sydow
Freud
Schlegel
Turgenev
Wallace
Twain
Walther von der Vogelweide
Fouqué
Friedrich II. von Preußen
Weber
Freiligrath
Frey
Kant
Ernst
Fechner
Fichte
Weiße Rose
von Fallersleben
Hölderlin
Richthofen
Frommel
Engels
Fielding
Eichendorff
Tacitus
Dumas
Fehrs
Faber
Flaubert
Eliasberg
Ebner Eschenbach
Feuerbach
Maximilian I. von Habsburg
Fock
Eliot
Zweig
Vergil
Ewald
London
Goethe
Elisabeth von Österreich
Mendelssohn
Balzac
Shakespeare
Dostojewski
Ganghofer
Lichtenberg
Rathenau
Doyle
Gjellerup
Trackl
Stevenson
Hambruch
Mommsen
Thoma
Tolstoi
Lenz
Hanrieder
Droste-Hülshoff
Dach
Verne
von Arnim
Hägele
Hauff
Humboldt
Reuter
Karrillon
Garschin
Rousseau
Hagen
Hauptmann
Gautier
Defoe
Baudelaire
Damaschke
Descartes
Hebbel
Hegel
Kussmaul
Herder
Wolfram von Eschenbach
Dickens
Schopenhauer
Rilke
George
Bronner
Darwin
Melville
Grimm
Jerome
Bebel
Proust
Campe
Horváth
Aristoteles
Voltaire
Federer
Herodot
Bismarck
Vigny
Barlach
Heine
Gengenbach
Storm
Casanova
Tersteegen
Gilm
Grillparzer
Georgy
Chamberlain
Lessing
Langbein
Gryphius
Brentano
Claudius
Schiller
Lafontaine
Strachwitz
Kralik
Iffland
Sokrates
Katharina II. von Rußland
Bellamy
Schilling
Gerstäcker
Raabe
Gibbon
Tschechow
Löns
Hesse
Hoffmann
Gogol
Wilde
Gleim
Vulpius
Luther
Heym
Hofmannsthal
Klee
Hölty
Morgenstern
Goedicke
Roth
Heyse
Klopstock
Kleist
Luxemburg
Puschkin
Homer
Mörike
Musil
La Roche
Horaz
Machiavelli
Kierkegaard
Kraft
Kraus
Navarra
Aurel
Musset
Moltke
Nestroy
Marie de France
Lamprecht
Kind
Kirchhoff
Hugo
Laotse
Ipsen
Liebknecht
Nietzsche
Nansen
Ringelnatz
Marx
Lassalle
Gorki
Klett
Leibniz
von Ossietzky
May
vom Stein
Lawrence
Irving
Petalozzi
Platon
Knigge
Kafka
Sachs
Pückler
Michelangelo
Kock
Poe
Liebermann
Korolenko
de Sade
Praetorius
Mistral
Zetkin

Der Verlag tredition aus Hamburg veröffentlicht in der Reihe **TREDITION CLASSICS** Werke aus mehr als zwei Jahrtausenden. Diese waren zu einem Großteil vergriffen oder nur noch antiquarisch erhältlich.

Symbolfigur für **TREDITION CLASSICS** ist Johannes Gutenberg (1400 — 1468), der Erfinder des Buchdrucks mit Metalllettern und der Druckerpresse.

Mit der Buchreihe **TREDITION CLASSICS** verfolgt tredition das Ziel, tausende Klassiker der Weltliteratur verschiedener Sprachen wieder als gedruckte Bücher aufzulegen – und das weltweit!

Die Buchreihe dient zur Bewahrung der Literatur und Förderung der Kultur. Sie trägt so dazu bei, dass viele tausend Werke nicht in Vergessenheit geraten.

Schutt

Anastasius Grün

Impressum

Autor: Anastasius Grün
Umschlagkonzept: toepferschumann, Berlin

Verlag: tredition GmbH, Hamburg
ISBN: 978-3-8424-9014-7
Printed in Germany

Rechtlicher Hinweis:
Alle Werke sind nach unserem besten Wissen gemeinfrei und unterliegen damit nicht mehr dem Urheberrecht.

Ziel der TREDITION CLASSICS ist es, tausende deutsch- und fremdsprachige Klassiker wieder in Buchform verfügbar zu machen. Die Werke wurden eingescannt und digitalisiert. Dadurch können etwaige Fehler nicht komplett ausgeschlossen werden. Unsere Kooperationspartner und wir von tredition versuchen, die Werke bestmöglich zu bearbeiten. Sollten Sie trotzdem einen Fehler finden, bitten wir diesen zu entschuldigen. Die Rechtschreibung der Originalausgabe wurde unverändert übernommen. Daher können sich hinsichtlich der Schreibweise Widersprüche zu der heutigen Rechtschreibung ergeben.

Text der Originalausgabe

Anastasius Grün

Schutt

Sämtliche Werke
Herausgegeben von Anton Schlossar
Leipzig o. J. [1907]
Band VI

Widmung
Seinem verehrten Freunde Joseph von Hammer

Der Verfasser.

Das Gespenst geht um, aber wer fürchtet's am Tag?
Wem es den Weg vertritt, geh' durch den zerfließenden Schatten,
Wem es grauet davor, werfe sich nieder zum Grund!

I t a l i a . Ständchen eines Morgenländers.

Aug' in Auge lächelnd schlangen
Arm in Arm einst West und Ost,
Zwillingspaar, das liebumfangen
Noch in einer Wiege kos't!

Ahriman ersah's, der Schlimme,
Ihn erbaut der Anblick nicht,
Schwingt den Zauberstab im Grimme,
Draus manch roter Blitzstrahl bricht.

Wirft als Riesenschlang' ins Bette,
Ringelnd, bäumend, zwischen sie
Jener Berg' urew'ge Kette,
Die nie bricht und endet nie.

Läßt der Lüste Vorhang rollend
Undurchdringlich niederziehn,
Spannt des Meers Sahara grollend
Endlos zwischen beiden hin.

Doch Ormuzd, der Milde, Gute,
Lächelnd ob dem schlechten Schwank,
Winkt mit seiner Zauberrute,
Sternefunkelnd, goldesblank.

Sieh, auf Taubenfitt'chen fächelnd,
Von der fernsten Luft geküßt,
Schifft die Liebe, kundig lächelnd:
Wie sich Ost und Westen grüßt!

Blütenduft und Tau und Segen
Saugt im Osten Menschengeist,
Steigt als Wolke, die als Regen
Mild auf Westens Flur dann fleußt!

Und die Brücke hat gezogen,
Die vom Ost zum West sich schwingt,
Phantasie als Regenbogen,
Der die Berge überspringt!

Durch die weiten Meereswüsten,
Steuernd, wie ein Silberschwan,
Zwischen Osts und Westens Küsten
Wogt des Lieds melod'scher Kahn.

Der Turm am Strande.

1.

Ich lag im weichen Gras, gelehnt auf Trümmer,
An Istriens vom Lenz umblühten Strande;
Der Himmel quoll in abendros'gem Schimmer,
Das Meer erglomm im purpurroten Brande.

Sie wollen flammend beid' in eines fließen,
Nicht sieht das Aug', wo Meer und Luft sich trennen,
Wie sich zwei Lippen aneinanderschließen,
In einem ew'gen Liebeskuß zu brennen.

Von Liebe wollen Flur und Hain erzählen,
Das ist rings ein Erröten, Flüstern, Kosen!
Die Wellen hüpfen ans Gestad' und stehlen
Sich flüchtig Küsse von des Strandes Rosen.

Sie legen nachts gar heimlich und behende
Ans Land der Muscheln farbenreich Geschmeide,
Daß morgens an der Liebe zarter Spende
Der Rosen Aug' sich beim Erwachen weide.

Doch du dort, alter Turm, öd' und zerfallen,
Willst du nicht auch von Lieb' ein Wörtlein sagen?
Mich dünkt es, deine morschen Quadern lallen
Ein böses Lied aus alten, bösen Tagen!

Dein Antlitz blickt so ernst, als ob es zürne,
Und finstres Moos ist dämmernd drauf zu schauen,
Wie auf des Denkers tiefgefurchter Stirne
Die dunklen und gedankenschweren Brauen.

Wohl dämmert's in dir von Erinncrungen,
Wie Schuldbewußtsein in des Sünders Herzen,
Du finsterer Geselle, rings umschlungen
Von ros'gen Schäkern und verliebten Scherzen!

Ob deinem Tor ein Wappen, moosumwoben,
Ein Löwe ist's, das Evangelium haltend!
Venedig. ha, dein Leu! Wohl muß ich loben

Des Sinnbilds Wahl, dein ganzes Sein entfaltend.

Der Mähne Königsmantel schüttelnd, Leue,
Doch nicht verleugnend das Geschlecht der Katze!
Das heil'ge Buch des Glaubens und der Treue
Erhoben hoch, – doch in bekrallter Tatze!

Großmütig, wenn gesättigt schon vom Morden,
Und sanft, wenn du gebändigt mußt erliegen,
Dein Thron die Kluft, drin nie es Tag geworden,
Und doch voll Glanz und Ruhm und Kraft und Siegen!

Sprich, und was wolltest du am Turme dorten?
Ich ahn's, ein Kerker war's! Als Kerkermeister
Hat sich der Leu gelegt vor seine Pforten,
Denn gern in Haft hielt Leiber er und Geister!

Sieh hin jetzt: du zertreten, er zerschlagen!
Sieh selbst dein Werkzeug: Ketten, Eisenstangen
Im Purpurschmuck des Rosts am Siegeswagen
Der Freiheit als entthronte Zwingherrn prangen!

Selbst in die Quadern, die den Turm dir trugen,
Ist einst der Freiheit frischer Hauch gefahren,
Daß sie in wilder Lust aus ihren Fugen,
Sich selbst entknechtend, taumelten in Scharen!

Die Klagen, die sie hörten, tönen wider
Aus ihrer Marmorbrust, der schmerzgeweihten;
Es senkte drauf sich dunkler Efeu nieder,
Die immergrüne Elegie der Zeiten.

Ein Ölbaum sprießt nicht fern, den Schutt verschönend,
Und Rosen rankten dran die jungen Triebe;
Zur Menschensaat des Hasses pflanzt versöhnend
Natur so gern den Frieden und die Liebe.

Doch wie die Lüfte flüstern heimlich leise,
Und wie die Wellen rauschen auf und nieder,
Wehn aus den Trümmern still, in düstrer Weise
Zu mir herüber des Gefangnen Lieder:

2.

»Ich war bescheidener Sonettendichter,
Im Qualm Venedigs zündend Himmelslichter,
Gebundne Rede meisternd wohlbedächtig,
Gebundner Hände jetzo minder mächtig.

Da lieg' ich nun gleich einem schlechten Verse,
Verrenkt, gezwängt, vom Wirbel bis zur Ferse,
Die Ketten klappernd wie unreine Reime,
In übler Form verwischt die schönsten Keime!

Vorm Tor San Marcos hielt ich Siesta gerne,
Betrachtend irdische und Himmelssterne;
Einst ungefähr, vertieft ganz in ihr Blitzen,
Blieb einer Prozession im Weg ich sitzen.

Einst in Fenices höchstem Logenrange
Sah ich ein schönes Kind mit heitrer Wange;
Ich flog empor, – da saß der alte Doge
In einem Winkel, ach, derselben Loge!

Zum Unglück reimt' ich einmal auf: Tyrannen
In einem Klinggedicht das Wort: von dannen!
Ein andermal fiel mir auf: Senatoren
Kein andrer Reim just ein, als: Midasohren!

Die Reime, traun, sind reine, regeltreue,
Ich brauchte gleich sie wieder ohne Reue;
Doch meinten drauf die Herrn, auf mein Sonette
Gäb's keinen bessern Reim mehr, als: die Kette!«

3.

»Ans Meer, gleich diesem, baut die Kerker alle!
Ringsum nur Meer, endloser Himmel drüber!
Setzt eures Sklaven enge, dunkle Halle
Der Freiheit und Unendlichkeit genüber!

Daß, wenn er schuldig, selbst der Wellen Kosen
Ihm nachts und tags von seiner Schuld erzähle,

Und fort und fort ihm laut der Brandung Tosen
Des Herrn Gerichte donnre in die Seele!

Daß, wenn er schuldlos, nicht ans Ohr euch dringe,
Euch nicht den Schlummer störe seine Klage,
Daß sie des Meeres Rauschen ganz verschlinge,
Daß sie des Windes Flügel weiter trage!

Ich klimm' empor zum hohen Fensterbogen
Und kralle fest mich an des Gitters Stäben!
Ha, endlos seh' den Ozean ich wogen,
Nur fern, gar fern ein weißes Segel schweben!

Ach, meiner Freiheit Bild! Nicht flieh so schnelle!
Es eilt mein Herz dir nach, nicht kann es rasten,
Es schwebt als Möwe über dunkler Welle
Und klammert schreiend sich an deine Masten!«

4.

»Ihr, denen in die Hände ward gegeben,
Wenn sich's die Händ' etwa nicht selbst genommen,
Das Recht, zu schalten über Menschenleben,
Kennt ihr des Menschenlebens Sinn und Frommen?

Ich rat' euch, wallt aus eurer goldnen Klause
Einmal hinaus in Frühlings Sonnenblicke,
Doch laßt mir fein den Doktorhut zu Hause,
Die grüne Brille, Kodex und Perücke!

Und wenn, von all dem Licht und Glanz entborget,
Ein leiser Abglanz schlich in eure Seele,
Dann ist es Zeit, dann weilet nicht und sorget,
Daß Flinte, Beil und Messer euch nicht fehle.

Seht dort den Rosenstrauch im Duftmeer fluten!
Das Messer her, vom Stamme ihn zu trennen!
Er liegt im Staub und scheint nun zu verbluten
Aus so viel Wunden, als da Knospen brennen.

Seht ihr die Lerche hoch im Frührot schimmern?
Das Feuerrohr herbei, und streckt sie nieder!

Vor euch im Rasengrün mit leisem Wimmern
Versiegt die holde Quelle süßer Lieder.

Seht dort der Linde Haupt die Wolken grüßen!
Die Axt herbei, den Stamm ihr zu zerklüften!
Da liegt die Riesenleiche euch zu Füßen,
Ihr Sterberöcheln ist ein süßes Düften.

Und will euch Wehmut nun ins Herz, so lenket
Heimwärts den Pfad, und nehmt an eurer Schwelle
Den Säugling aus der Gattin Arm, und senket
Eu'r sinnend Haupt zu seiner Lockenhelle.

Und denkt des Baums, zerspellt zu toten Trümmern,
Und denkt der Knosp', erblaßt im Todesbeben,
Und denkt des Liedes, aufgelöst in Wimmern,
Und ahnt es leise, was ein Menschenleben!«

5.

»Das grause Königsspiel will ich nun spielen
Und laden zu Gerichte meine Richter!
Es drückt das goldne Zepter euch nur Schwielen,
Doch hoch empor das seine schwingt der Dichter!

Ihr könnt die Ebenbürtigkeit nicht tadeln
Des Geists in mir, ihr stolzen Purpurträger!
Er wird zum Throne diesen Schemel adeln
Und vor die Schranken rufen eure Kläger!

Da sprach die Kette meines Arms: Bei Erzen
Schlief einst ich sanft und tief in ew'gen Nächten!
Was rißt ihr mich dem Berge aus dem Herzen,
Solch unbewehrte Arme zu umflechten?

Der Wölbung Quadern sprachen drauf: Wir trugen
Am Dom des Herrn einst mit als Felsensäulen!
Was habt ihr uns geschmettert aus den Fugen,
Zu hören dieses Armen Klagen heulen?

Des Bettes Diele sprach: Ich ragt' als Eiche,
Auf grünen Höhn zu säuseln Gottes Ehre!

Was habt ihr mich gefällt mit frechem Streiche,
Daß ich dies Herz jetzt an mich pochen höre?

Vorm Fenster eine Lerche klagte bitter:
Was zeigt ihr mir, der Freiheitseelen einer,
Der Knechtschaft gelb Gesicht durch schwarzes Gitter
Und eine Seele, ach, so frei, gleich meiner!

Es sprach mein Herz: Euch freut, was mannigfaltig,
Doch ein Gepräg' nur wollt ihr für Gedanken!
Ihr liebt die Blumen, weil sie vielgestaltig,
Doch darf nicht frei das Herz Gefühle ranken!

In plumpe Fesseln wollt den Geist ihr schlagen,
Der gottgesandt, wie Wolk' und Regenbogen;
Die Wolke wettert, ihr könnt sie nicht jagen,
Und knebeln nicht könnt ihr den Regenbogen!

Und nun vernehmt den Urtelspruch des Richters:
Für Kett' und Schmach, die ihr ihm ließt bereiten,
Denn also richtet mild das Herz des Dichters,
Gibt euren Namen er Unsterblichkeiten!

Nur erst gesellt er seine Ketten alle
Zu Kron' und Stab in eures Wappens Rahmen,
Es rasseln weit durch des Jahrhunderts Halle
Wie seiner Ketten Klirren eure Namen.«

6.

»Durch meines Kerkers Eisengitter rangen
Sich meine Blick' empor zum Himmel droben,
Den Ball des Mondes sah ich leuchtend prangen,
Vom goldnen Kranz der Sterne rings umwoben.

Da klang's aus ihnen in mein Herz und keimte
Gleichwie ein kindisch Märchen alter Tage,
Bevor der Götter Schar die Erde räumte
Dem Menschenvolke von gemeinrem Schlage.

Es war ein Ries' einst, hochgewaltig, tüchtig,
Der sprach zum Mond: Dein Licht behagt mir eben,

Doch bist du mir zu wanderlustig, flüchtig
Und solltest fein an festem Wohnsitz kleben.

Nicht übel stündest du mir überm Bette
Als Abendlamp' in meinem Schlafgemache!
Er spricht's und schmiedet eine goldne Kette
Und hängt den Mond dran auf am Himmelsdache.

Doch der rollt fort und fort unaufgehalten,
Und klingend riß die Riesenkette droben,
Daß in Millionen Trümmer rasch zerspalten,
Weithin gesät, die goldnen Splitter stoben!

Und sieh, als Sterne sind sie dort geblieben,
Da leuchten sie ins Herz mir ihre Kunde,
Als Freiheitshymn', in goldner Schrift geschrieben
Tief auf des Himmels dunklem, ew'gem Grunde.

Es flüchtet gern mit seinen stillen Schätzen
Das Menschenherz in die gestirnte Ferne;
Es will der Mann in Fesseln gern versetzen
Selbst seine Ketten in die ew'gen Sterne.«

7.

»War einst ein König, der hielt liebumfangen
Den Leib der Königin, der schönen, jungen!
Ob Aug' in Aug' und Hand in Hand auch hangen,
Er hätte gern noch fester sie umschlungen!

Des Gartens Rosen formt er da zur Kette,
Die hält ihr Haupt in süßer Hast umwunden:
So ward aus Rosen einst die erste Kette,
So ward von Liebe einst die Kett' erfunden.

Zwei Königskinder sind's, die dort zu Ringen
Der Wiesenblumen schlichte Halme runden,
Mit solchen Fesseln spielend sich umschlingen;
Und so hat Lieb' die Kette fortgewunden.

Den Tempel sieh, wo Priester um die Wette
Mit Myrt' und Ros' Altar und Säul' umwunden,

So hat die Liebe fest mit ihrer Kette
Den Himmel an die Erde schön gebunden.

Tot sind das Königspaar, die Kinder, Priester!
Doch Kränze ihren Aschenkrug umkosen!
So band den Staub des Grabes, welk und düster,
Der Liebe Kette an des Lebens Rosen.

Da sah der Haß, wie Lieb' erfand die Kette,
Das, was sie liebt, noch fester zu umwinden!
Er formt – aus Erzesblüten – nach die Kette,
Noch fester, was er haßt, an sich zu binden!

Doch von Girlanden scheint mein Arm umwunden,
Gleich Blumen flüsternd mir die schöne Märe:
Wie selbst im Haß ein Fünkchen Lieb' entzunden,
Wie selbst der Haß bei Lieb' einst ging in Lehre.«

8.

»Gebt mir ein Buch! – Sie wollen keins mir gönnen!
So mag mein Aug' im Buch des Himmels blättern,
Das dem Gefangnen sie nicht rauben können,
Und lesen, Herr, in deinen ew'gen Lettern!

Ich seh' den Äther rein und leuchtend blauen
Und seh' das Abendrot in Flammen zittern,
Draus mild der Englein Tränen niedertauen,
Ich seh's, – doch aus des Kerkers Eisengittern.

Seh' ziehn die Wolke mit der Brust voll Segen,
Des Mondes Kahn im Meer der Nächte prangen,
Die Sterne sich im goldnen Wirbel regen,
Ich seh's, – doch durch des Kerkers Eisenstangen.

Ich seh' die Morgenwolke leuchtend steigen
Und mitleidvoll der Rosen Bild und Reize,
Die längstentbehrten, meinem Auge zeigen!
Ich seh's, – doch durch des Gitters ehrne Kreuze.

Ich sah die Wetter, die nun ausgestritten,
Ich seh' den Regenbogen flammend schweben;

Des Himmels lichter Grund doch ist durchschnitten,
Ach, von des Kerkergitters schwarzen Stäben.

Da dünkt es mich, im Buch des Himmels wären
Die schönsten Stellen, heiligsten Legenden,
Des Friedens und der Liebe Gotteslehren
Mit schwarzem Strich durchkreuzt von Menschenhänden.«

9.

»Wie eine Rose aussieht, wüßt' ich gerne!
Wohl wußt' ich's einst, doch hab' ich's, traun, vergessen,
Denn zwischen mir und jenes Frühlings Ferne
Dehnt längst der Knechtschaft Nacht sich unermessen!

Ich sah die Rose einst in einem Garten,
Durch den die Spiele meiner Kindheit flogen;
Ich sah sie einst auf flatternden Standarten
Der Heere, die zum blut'gen Kampfe zogen.

Ich sah sie einst im Dom vorm Brautaltare
An einer Jungfrau Herz sich zärtlich schmiegen;
Ich sah sie einst in meines Vaters Haare,
Als Tod ihn auf den Schragen streckte, liegen.

Ich sah, wie an der Brust der Mörder einer
Sie mit zur Richtstatt führt' im Sünderwagen;
O daß ich säß' im Karren anstatt seiner,
Daß ich die Rose könnt' am Herzen tragen!«

10.

»Ich zog aus meinem Strohbett eine Ähre
Und hielt sie lang' vors Aug' in meinen Händen;
Als ob in ihr ein stiller Zauber wäre,
Konnt' ich die Blicke nimmer von ihr wenden.

Ein Feld voll Garben stieg vor meinen Blicken!
Ha, wie sie flüsternd durcheinandergaukeln,

Geschäftig mit den goldnen Häuptern nicken
Und weithin ihres Meeres Wogen schaukeln!

Von blanken Sicheln, durch die Schwaden ringend,
Ist, Silberkähnen gleich, dies Meer befahren,
Und Schnittermädchen, aus den Wogen springend,
Es sind der Meeresgöttin Dienerscharen.

Und blanke Dörfer rings und grüne Hügel,
Darüber hin der ew'ge Himmel blauend
Und Lerchen drin, von Morgenrot die Flügel,
Und von Gesang die Kehlen übertauend!

Die Wälder säuseln, und die Quellen klingen,
Dort um die Linde tönt's von Flöt' und Geigen,
Daß Bursch und Dirne sich im Reigen schwingen,
Und selbst die Blüten tanzen von den Zweigen.

Die Garben ruhn den Jungfraun nun zu Füßen,
Und auf den Garben farb'ge Kränze liegen;
Ich fasse einen, um in eines süßen,
Geliebten Hauptes Locken ihn zu schmiegen.

Da rasselt mir am Arm die Kett' entgegen,
Der Hand, der bebenden, entsinkt die Ähre!
Du dürrer Halm, wie hätt' ich's denken mögen,
Daß ich durch dich noch einst so elend wäre!«

11.

»Sie haben aus der Erde mich gestoßen
Und nur ein Stücklein Himmels mir gelassen,
So viel, vom Kerkerfensterlein umschlossen,
In seinen Eisenrahmen wollte passen!

Des Menschen Blick und Wort darf mich nicht laben;
Ich seh' ein Antlitz nur auf weiter Erde,
Das deine, Graukopf, fütternd deine Raben,
Daß ihre Kette nicht zu locker werde.

Die Zeit hab' ich begraben und vergessen,
Ich zähle nicht der Knechtschaft bange Stunden!

Nur reinen Weizen mag der Landmann messen,
Doch nicht das Unkraut, das er drin gefunden!

Ich weiß nicht, wann es Lenz! Ich darf nicht sehen
Die Rosen glühen und die Blüten blinken,
Die grüne Wies' in duft'gen Halmen stehen
Und in den Schoß ihr goldne Früchte sinken!

Ich seh' den Herbst nicht an den Blumen rütteln,
Ach, wie mich welke Blätter selbst erfreuten!
Ich seh' ihn nicht das Laub der Wälder schütteln
Als Sand ins Stundenglas der Jahreszeiten!

Ich sah die Zeit, den rüst'gen Falken, steuern
Einst hoch ob mir mit klingendem Gefieder!
Doch mit durchschoßnem Flügel, matt und bleiern,
Sank er vor meines Kerkers Pforten nieder.«

12.

»Ein Vöglein setzt sich auf die FensEreisen,
Sein Schnabel hält des Waldes Purpurbeere,
Es drängt sein Herz, im Liede laut zu preisen
Von Freiheit Waldeslust die süße Märe!

Doch wie es mich ersieht, denkt's mit Erbarmen:
Nein, schweigen will ich, daß die Wonnefülle,
Die mich labt, nicht betrübe diesen Armen,
Mein Beerlein nur will ich verzehren stille.

Wie so das Vöglein an der Beere pickte,
Mußt' ich vom Baum, dran sie einst schwellte, träumen
Und dann vom Wald, aus dem der Baum mir nickte,
Dann von den Feldern, die den Wald umsäumen;

Dann von dem Strom, der durch das Feld geschlungen,
Dann von dem Meer, zu dem der Strom mag reisen,
Von Ländern dann, die von dem Meer umklungen,
Von Sternen dann, die Meer und Land umkreisen!

Was bist du, Vöglein, für ein Vogelriese
Mit eh'rnen Fängen und gewalt'gen Schwingen,

Daß du die Weltenkugel, als sei diese
Ein winzig Beerlein, mir vermocht zu bringen!«

13.

»Ich schaute Bilder einst von Sudlerhänden,
Da hatten Mond und Sonne Mund und Nasen,
Da sah den Sturm ich hinter Wolkenwänden
Als wind'gen Jungen volle Backen blasen.

Ein übler Maler ist der Schmerz, gleich ihnen,
Denn, blick' ich auf aus diesen Finsternissen,
Seh' ich nur fromme, heil'ge Menschenmienen
Als Sterne, Sonn' und Mond vom Himmel grüßen.

O Menschenantlitz, wundervoller Spiegel,
Vom lauen Hauch der Gottheit leis umflossen!
Du heilig Buch, in dessen Purpursiegel
Des Himmels ew'ge Rätsel tief verschlossen!

Dein Antlitz nur blieb mir, mein Kerkermeister!
Doch ist der Spiegel unpoliert befunden,
Das schöne Buch verklebt mit schnödem Kleister
Und, ach, in Fell unsaubren Tiers gebunden.

Und dennoch, was verloren ich mit Beben,
Ich les' es drin, in altem Glanze tagend!
All, was ein Antlitz nur vermag zu geben,
Gibt deines mir, wenn alles gleich versagend!

Wie, als der Lava schwarze Krusten sprangen,
Das heitre Bild des Liebesgotts draus blickte,
So find' im Furchenschutte deiner Wangen
Das Lächeln ich, des Glanz mich einst entzückte.

Die Wolken deiner Stirne müssen sinken,
Ich lasse reinen, lichten Himmel tagen,
Drauf der Gedanken Stern' und Sonnen blinken,
Und kühn gewalt'ge Regenbogen schlagen.

Die Augen dein, im Zauberschlaf seit Jahren
Zween Bären gleich in busch'ger Höhle sitzend,

Den Bann lös' ich! Sie werden, was sie waren:
Zwei Königskinder, in Demanten blitzend!

Dein Mund, versperrt wie dieses Kerkers Pforte,
Er tut sich auf nun als Triumphesbogen,
Draus die geharn'schten Sieger: Ernstesworte,
Bekränzte Jungfraun: Liebesworte wogen.

Dein Busen, klanglos, wie die dürre Scholle,
Wölbt sich zum Dom voll süßer Liedertöne;
Aus deines Leibs formloser Felsenrolle
Entsteigt der delph'sche Gott in ew'ger Schöne!

Selbst deiner eh'rnen Hand kann ich nicht zürnen,
Wenn sie die Fesseln prüft, ob sie nicht weichen;
Ich seh' sie Kron' und Lorbeer würd'gen Stirnen
Und mild ein labend Brot der Armut reichen.

Du finstrer Schließer dieser ird'schen Hölle,
Wie jauchzt mein Herz bei deiner Schlüssel Klingen!
Du bist Sankt Peter mir, vor dem zur Stelle
Weitauf die Pforten meines Himmels springen!

O bleib, daß dir ins Antlitz still ich schaue,
Mein durstig Aug' am Quell des deinen labe,
Daß aus den Trümmern ich den Tempel baue
Und aus dem Schutte meine Götter grabe.«

14.

»Der Riegel knarrt zur ungewohnten Stunde,
Ein Mann tritt ein im Kleid von schwarzer Farbe,
Verschnitten ist sein Haar zur Glatzenrunde,
Sein Mund fast lippenlos wie eine Narbe.

Ein Krüppelast des Edelpalmenbaumes,
Mannheit genannt! Nicht tränkt und nährt begeisternd
Sein Wort als süße Frucht so schönen Baumes,
Als unrein Harz nur trieft's andringlich, kleisternd!

Er spricht von Büßen und Bereun, Bekehren,
Von Demut, die sich höhrer Weisheit schmiege,

Von Rückkehr zu der Gläub'gen frommen Heeren,
Von Todesgraun, das einst auch Starke biege.

O lieber Mann, wollt Ihr ein Vogler werden,
Müßt Ihr aufstreuen beßre Futterbrocken;
Wollt Ihr als schlauer Werber Euch gebärden,
Muß Uniform und Handgeld reicher locken!

Es legt ein Mann dem alten satten Leuen,
Den mehr als er der feuchte Norden zähmte,
Sein Haupt zum Schlund, drin keine Zähne dräuen;
Ob er des Pöbeljubels sich nicht schämte?

Ein Gaukler ist's, indes ein Held mir heißet
Der Neger, der im Wüstensand ihn meistert,
Das Lamm dem Rachen jenes Leun entreißet,
Den Hunger stachelt, Sonnenbrand begeistert!

Nur leichten Gauklerruhm, nicht Heldensiege
Wird Euer Priestereifer sich erjagen,
Nimmt als Genossen er im Glaubenskriege
Mein Elend, meine Ketten, Todeszagen.

Ein Sterbender ist gar ein Sanfter, Milder,
Muß viel, wird Euch sich auch gefallen lassen
Und gleichen Sinns Sterbkerze, Heil'genbilder,
Den Kuhschwanz auch nach Inderweise fassen.

Er kann Euch nicht von seinem Bette scheuchen:
Könnt' er die Hände regen, wollt' er lieber
Dem Weib, den Kindern sie zum Abschied reichen;
Nicht Ihr bekehrt, besiegt ihn, nein, das Fieber.

Mich wird das heil'ge Brot von weißem Weizen
Nach schwarzer Kerkerkrume nicht anwidern;
Auch mögt Ihr mit dem heil'gen Öl nicht geizen,
Heilbalsam ist's den kettenwunden Gliedern.

Mit dem gesunden, geistesfrischen Sünder
Klimmt auf den Berg, daß weit ins Land er sehe,
Dort werdet ihm des heil'gen Worts Verkünder,
Denn Gottes Rede scheut nicht Gottes Nähe.

Steht Mann dem Mann und Wort dem Wort entgegen,

Daß Licht und Waffen gleich für beide Streiter!
Ist Eures Wortes Schwert gefeit mit Segen,
Wird dann ein Sieg ihm, herrlich, groß und heiter!

Die Linde, feierlich geneigt die Gipfel,
Wird stumm ihr Jawort nicken Eurem Psalme,
Fortrauschen werden ihn des Waldes Wipfel,
Fortsäuseln werden ihn der Wiesen Halme.

Aus jeder Blume ihm entgegenlächeln
Wird Euer Wort in farbenreichen Lettern,
Die Lüfte werden's um das Ohr ihm fächeln,
Die Wolken werden's um das Haupt ihm wettern.

Mit Feuerpfeilen streckt die Sonn' ihn nieder,
Das Wort des Lichtes in das Herz ihm gießend,
Der Geist fährt, nicht in Flammenzungen wieder,
Herab auf ihn, in Blütenflocken fließend.«

15.

»Glückauf, ein Jahr der Haft vorbei! denn winken
Seh' ich ein grünes Blatt am Fensterrande;
Gottlob! 's ist wieder Lenz! Schon will mich's dünken,
Als schaut' ich weit in sonn'ge Blumenlande!

Ich höre singen die kristallnen Bronnen,
Den Sprosser flöten zwischen duft'gen Ranken,
Ins Kerkerdunkel glänzen Frühlingssonnen,
Dir, stilles, grünes Blättlein, muß ich's danken!

Doch wehe, weh'! Des Efeus starr Gewinde
Hab ich gesehn statt saft'gem Lenzgesträuche,
Ach statt des Frühlings ros'gem, frischem Kinde
Nur seine Mumie, die immergleiche!

Des Efeus Ranken grünen Fesseln gleichen,
Und mit dem Schergen steht er längst im Bunde;
Daß nicht des Kerkers Steine lockernd weichen,
Schlingt seine Arm' er um des Turmes Runde!

Sein bittres Amt dem Wächter zu ersparen;

Nach mir zu schielen durch des Fensters Raine,
Kroch er heran, mühvoll, vielleicht seit Jahren,
Indes nach einem einz'gen Lenz ich weine.«

16.

»Frei, frei bin ich! Die Knechtschaft ist zu Ende!
Das offne Tor, ha, wie mich's fast erschreckte!
Wie ungelenk jetzt fesselfrei die Hände,
Die einst in Ketten leicht zu Gott ich streckte!

Frei, frei bin ich! Die Fesseln sind gefallen,
O Licht, wie blend'st du meine Augenlider!
Frei darf ich durch den Garten Gottes wallen
Und stürzen an die Herzen meiner Brüder!

Reicht eure Hände mir! – Doch, ach, wie sollen
Sie dringen durch der Gräber grüne Decken!
Und die Lebend'gen fliehn, denn nimmer wollen
Sie mit des Sklaven Handschlag sich beflecken!

Wohlan, so will ich selber denn erringen
Mir neue Liebe und ein neues Leben!
Noch fühl' ich Jugendkraft den Arm beschwingen,
Der Jugend Locken noch ums Haupt mir schweben!

Da nahm mein Todfeind schweigend mich am Arme
Und stellte mich vor einer Quelle Spiegel:
O weh, mein Haupt eisgrau, daß Gott erbarme!
Auf Wang' und Stirn der Knechtschaft Furchensiegel!

Und so ist ungesehn und ohne Grüße
Mein Lenz gewallt durch meines Kerkers Grauen;
Die Hülle tiefer, ew'ger Finsternisse
Ließ mich die leuchtende Gestalt nicht schauen.

Empfang, o Kerkernacht, dies Herz jetzt wieder,
Als Blume, die gewöhnt an deine Schatten!
In dich als Marmorurne leg' ich's nieder,
Im Grabgewölb der Zeit es zu bestatten.«

17.

Und still verklingen des Gefangnen Lieder,
Die Wellen wimmern, fahle Wolken reisen;
Da jauchzt es unfern mir und jauchzet wieder
Und singt, mir fast zur Unzeit, lust'ge Weisen.

Mir naht ein Greis mit silberweißen Haaren,
Doch Morgenrot des Frohsinns auf der Wange!
Ei, seltne Nachbarschaft! Wie Rosenscharen,
Umblühend Gletschereis am Alpenhange!

Willkommen, Greis! Du mußt wohl Kunde wissen
Von diesem düstern grauenvollen Hause,
Wer einst geächzt in seinen Finsternissen?
Wes Ketten klirrten durch die dunkle Klause?

»Geächzt hat niemand als die Wetterfahne,
Wenn sie der Wind gedreht im spröden Gleise!
Geklirrt hat nichts hier, als von dem Altane
Die Becher all' in lust'ger Brüder Kreise!

Ein Leuchtturm war dies Haus in alten Tagen,
Zerfallen nun, seit dort gebaut der neue;
Anstatt des Invaliden, lahmgeschlagen,
Trat der Rekrute in die offne Reihe.

Ich war sein Wächtersmann, der wohlbestallte,
Gottlob! daß Pech und Wein dem Land nicht fehlen!
Ha, wie, wenn Wind und Wetter pfiff und hallte,
Geflammt die Leuchten, und gejauchzt die Kehlen!«

So sprach der Greis; noch leuchtet des Gelages
Erinnerung ums Haupt dem alten Zecher,
Wie durch der Dämmrung Grau Nachglanz des Tages,
Wie Reste Rebenbluts durch leere Becher.

So sang ich in des Lichtes Heiligtumen
Von Finsternissen und verdorrten Lenzen!
Der Gärtner zieht zu Wonn' und Lust die Blumen
Und, ach, verbraucht sie oft zu Totenkränzen!

So war der Hain des Friedens und der Liebe
Mir überschattet von dem Baum der Schmerzen!
Mich dünkt wohl gar, des dunklen Stammes Triebe,
Sie wurzeln nur in meinem eignen Herzen.

Verglommen mählich ist die Abendröte,
Es senkt die Nacht des schwarzen Mantels Schwere
Rings um die Trümmer und die Blumenbeete
Und über weites Land und ew'ge Meere.

Da läßt der Himmel Mond und Stern' erglimmen,
Da glühn am Golf empor des Leuchtturms Flammen:
Licht! Licht! ihr Losungswort, das große, stimmen
Jetzt Erd' und Himmel, Gott und Mensch zusammen.

Eine Fensterscheibe.

1.

Ihr fragt mich lächelnd, ob ich Glaser worden,
Die Zunft ertauscht um freien Dichterorden,
Daß ich mit so gebrechlich zarter Ware
In das Gedräng' des Dichtermarktes fahre?

Erlaubt, daß ich das blanke Glas euch deute,
Ihr war't mir milde stets, o seid's auch heute;
Wie schad', wenn einer aus der Hand mir's stieße,
Und euch's in Scherben fiele vor die Füße!

Seht dort des Klosters morsche Mauerzinken
Verschämt und halb versteckt aus Föhren blinken.
Ha, welch lebend'ges Leben rings sich regte,
Als einst der erste Abt den Grundstein legte!

Aus Kronen brachen Kön'ge da Juwele,
Daß es an Steinen für den Bau nicht fehle;
Es lösten Fraun die güldnen Kettlein wieder,
Um festzubinden des Kolosses Glieder.

Alltäglich stand mit früh'ster Morgenhelle
Der Abt, den Bau befeuernd, schon zur Stelle
Mit strengem Worte und mit mildem Weine,
Daß man mit Fug aus Wein den Mörtel meine.

Da schlich einst still ein Bettler um die Wände
Und brachte scheu ein Pfennigstück als Spende:
»Herr, laßt dies Sandkorn Eurem Bau gesellen,
Nur karger Trank quillt aus versiegten Quellen.«

Es sprach der Abt: »Schön Dank und Christi Gnade!
Das gibt fürs Fenster dort die Scheibe g'rade!«
Da ging der Schalk und wünscht' in seiner Seele,
Daß es dem Hause nie an Lichte fehle.

Doch, von des Abtes Demantring geschrieben,
Ist in der Scheibe noch der Spruch geblieben:
»Aus eines Bettelsackes Finsternissen

Seht hier das Licht und Gold der Sonne fließen!«

Und rüstig aus dem blanken Mauerwalle
Stieg Kuppel, Kreuzgang, Turm und Säulenhalle;
Hoch ragt der Bau und dehnt sich weit und weiter
Als feste Schanze für die Glaubensstreiter.

Zum Bannerträger sie den Turm erkiesen,
Hoch flammt das Goldkreuz in der Hand des Riesen;
Gleich tausend goldnen Schilden glühn vom Hügel
Weithin ins Land der Fenster lichte Spiegel.

Als eine Wache, stolz und auserkoren,
Stehn hohe Marmorbilder vor den Toren;
Nie lüstet's sie, in Schlummer sich zu neigen,
Denn Wächterpflicht ist Wachen ja und Schweigen.

Er braus't aus hundert Kehlen um die Wette
Empor als Schlachtgesang Choral und Mette;
Als Trommeln laut zum Sturm die Kanzeln klingen,
Drauf rüst'ge Schlägel ihre Wirbel springen.

Und horch, sie lösen dröhnend ihr Geschütze:
Die Glocken sind's auf lust'gem Wolkensitze!
Wenn ihre Donner durch den Äther zittern,
Scheint's selbst bei heitrem Himmel zu gewittern.

So war es einst! – Jetzt sehn die grauen Reste
Scheu aus des sonn'gen Tales Blütenfeste,
Wie wenn ein Greis geriet in Kinderspiele,
Ein düstrer Eremit ins Tanzgewühle.

Durch jenen Riß der Kuppel, halb zerfallen,
Drängt Mond und Stern sich in des Domes Hallen,
Als sei'n zu stiller Andacht sie gekommen,
Zu mehren dort die kleine Schar der Frommen.

Ich seh' den Turm, gesenkten Haupts mit Schweigen,
Den stolzen Leib gekrümmt in Demut neigen;
Hat ihm des Alters Last gebeugt den Rücken?
Will neuer Zeit er seinen Bückling nicken?

Warf Sturm die ries'gen Quadern auch zu Trümmern,
Seh' ich des Bettlers schwaches Glas doch schimmern,

Als ob, was fromm des Herzens Andacht weihte,
Selbst die Zerstörung zu berühren scheute!

Am Sternenkranz, Madonnas Bild umschwebend,
Seht eines Taubenpärchens Nest jetzt klebend,
Als rief es girrend zu dem Erdensohne,
Daß Liebe gerne bei den Sternen wohne!

Sankt Peters Bild ließ seine Schlüssel fallen,
Als stünde Edens Tor nun offen allen;
Sie sanken in die scharfen Nesseln nieder:
Nur Handschuh oder Eisen hebt sie wieder!

Auf schmalen Raum im weiten Bau beschieden
Such jetzt des Glaubensstreites Invaliden,
Als flöhen sie vor der Zerstörung Tritten;
Rasch aber folgt die Siegrin ihren Schritten!

Und wie der Arm der Zeit die Pfeiler schüttelt
Und an den Kuppeln und Gewölben rüttelt,
Dröhnt dumpf der Fall der Steine durch die Hallen,
Wie des Verfolgers ferne Schüsse fallen.

Der Zellen und des Kreuzgangs öde Massen
Sind längst dem Feind als Beute überlassen,
Drin Eul' und Fledermaus ihr Lager breiten,
Vorposten des Vertilgungsheers der Zeiten.

Manch Marmorbild in Gras und Rosensträuchen
Versenkt, gleich unbegrabnen Kriegerleichen!
Wie vom erklommnen Wall, weht vom Altane
Das grüne Moos als Siegs- und Friedensfahne!

So liegt ein kranker Greis im Todesbeben,
Durchs Herz allein noch zuckt ein Fünkchen Leben;
Die Seele ahnt's, es spricht's sein brechend Auge,
Daß er der Welt, und sie ihm nimmer tauge.

Tritt hin, mein Lied, – wir kämpfen nicht mit Leichen! –
An seines Mundes Hauch dein Licht zu reichen!
Verwandl' in Efeu dich und fröhlich treibe
Zur Wand empor bis an des Bettlers Scheibe!

Wirf einen Blick hinein, dann lustig weiter!

Und schlendre deine Festgirlanden heiter,
Daß ihr Gewind' von Säul' an Säule reiche,
Ein weicher Kranz den Schläfen dieser Leiche.

Ich aber singe durch die deutschen Gauen,
Wo rüst'ge Meister stolze Dome bauen;
Nehmt hin mein Lied, und laßt es euch gefallen
Als eine Scheib' in deutschen Dichterhallen!

2.

Am Hochaltar, umflammt vom Kerzenglanze,
Strahlt in des Priesters Hand die Goldmonstranze,
Um die als Kranz, aus lautrem Gold gegossen,
Ein Rebenreis und eine Ähre sprossen.

Traun, solche Huldigung, wie beiden diesen
Ward keiner Reb' und Ähre je erwiesen!
Seht, jetzt erhebt der Priester die Monstranze
Mit ihrem goldnen Reb'- und Ährenkranze:

Und alles Volk sinkt auf die Knie im Kreise
Und schlägt ans Herz und flüstert betend leise,
Des Weihrauchs duft'ge Wolken aufwärts ringen,
Die Glocken donnern, und die Glöcklein klingen!

Da denkt die Ähre still: Ich wollt', ich stünde
Im Felde bei den Schwestern, frei im Winde,
Wie sie zu wallen leis im goldnen Reigen
Und selbst das Haupt, von Segen schwer, zu neigen!

Da denkt die Rebe still: O könnt' ich sprossen
Auf steilem Hügelrain bei den Genossen,
Wie sie, vom Fruchtkorb schwer, den Rücken neigend
Und selbst das Knie in stiller Andacht beugend!

3.

Ein greiser Mönch schleicht durch des Kreuzgangs Hal-
len,

Horch, Flüche seiner bleichen Lipp' entwallen,
Wie aus zerfallnen Tempeln in der Wüste
Ein Schwarm von Panthern springt mit Mordgelüste!

Ich lauscht', und Fluch um Fluch entbot der Alte
All' dem, was heilig, lieb und groß ich halte;
Mir war's, als schleudert' er mit Hohn, zerrissen,
Mir meiner Freuden Blütenkranz zu Füßen!

Als ob er an der Wand zu Trümmern würfe
Den Goldpokal, draus ich Begeistrung schlürfe!
Als ob der Geifer seines Munds bespeie
Das heil'ge Banner, dem ich stolz mich reihe!

Halt an! – Mein Schwert sollt' aus der Scheide klirren,
Die Pfeile, zücht'gend, aus dem Köcher schwirren,
Wenn dich die weißen Haare nicht, die milden
Fürsprecher, deckten mit den Silberschilden!

Sie sind des heil'gen Stromes weiße Wellen,
Die sanft ein schroffes Inselhaupt umquellen;
Der Silberlocken Brandung heiligt, schirmet
Des Wahnes Tempel selbst, der drauf sich türmet.

4.

Gewalt'ge Tische dehnen sich im Saale,
Doch wenig Gäste sammeln sich zum Mahle:
Wie stand dies Schlachtfeld einst voll Waffenbrüder!
Wie hat der Tod gelichtet jetzt die Glieder!

In jenem Schrank, dem Arsenal der Zecher,
Gleich Panzern toter Helden stehn die Becher;
Doch alle leer, vom Spinnennetz durchwoben,
Vom Staub des Zeitenmoders überstoben!

In tiefer Gruft, in üppigem Gedränge,
Mit trocknen Lippen schläft der Zecher Menge;
Mich dünkt's, als ob zur Gruft die Augen schielten,
Als ob zum Schrank der Schädel Augen zielten!

Gern wallt' ich stündlich in der Gruft Gemächer,

Denn heiter sind die Träume lust'ger Zecher;
Doch blieb' ich mitternachts im Mondenscheine
Nicht mit den leeren Bechern gern alleine.

Da ziehn, wie blankem Sarg entsteigend ihnen,
Die Geister froher Stunden, trüb an Mienen,
Im Trauermarsch, in langen Heeresbahnen,
Vorüber mit gesenkten schwarzen Fahnen.

5.

Im Beichtstuhl sitzt ein Priester zu Gerichte.
Glaubt nicht des Jünglings ros'gem Angesichte!
Ein Eisfeld ist sein Herz, das kalte, rauhe,
Ein Spiegel, drin sich nur der Himmel schaue!

Und eine Wüste ist's, die schrankenlose,
Die öde, kahle, ohne Quell und Rose,
Draus nur die Pyramide »Gott« sich hebet,
Doch einsam, düster, grau und unbelebet.

Ein lockig Mägdlein kniet zu seinen Füßen,
Ihr Herz ihm ganz und reuig aufzuschließen;
Drin hat die Sünd' ein Gärtlein, ein gar schönes,
Voll Rosenhecken und voll Quellgetönes.

Nun ihre Worte den Bericht beginnen
Und von den ros'gen Lippen lispelnd rinnen,
Da wird es ihm, als riesle eine Quelle
Durch seinen Wüstensand ganz frisch und helle.

Und wie sie flüsternd spricht von sel'gen Lauben,
Da mochte wohl mit Fug der Arme glauben,
Es habe Lenz mit seinen Rosen allen
Den Gletscher bombardierend überfallen.

Das Mädchen schritt entsühnt schon längst von hinnen,
Er lehnt im Stuhle noch in tiefem Sinnen,
Umsäuselt still von keimenden Gedanken;
Die Pyramide, ach, beginnt zu wanken!

Und aus den wiedergrünen Wüstenschollen

Ist Blüt' an Blüt' und Zweig an Zweig entquollen,
Als Laube kühl und lind sein Haupt umdüsternd,
Viel süße, heil'ge Wonnemärchen flüsternd.

Und an den Zweigen gaukelnd auf und nieder,
Singt eine Nachtigall gar seltne Lieder:
Es ist sein Herz! – Wenn Nachtigallen schlagen,
Wer weiß, ist's Jauchzen, ist's ein stilles Klagen?

6.

Ich sah der Äbte Bilder in der Halle,
In schwarzem Kleid, mit Inful, Krummstab alle;
Mir schien's, als stünden reihweis' im Spaliere
Um mich des Grabes Gardegrenadiere.

Du mit dem Busenkreuz von Edelsteinen,
Jüngling, magst selbst ein lebend Grabmal scheinen;
Mich dünkt's, als ob dir unterm Kreuze lägen
Begraben deines Herzens Fried' und Segen.

Du, Greis, gebeugt zum Buch vor dir, dem alten,
Du gleichst, vertieft in seine morschen Spalten,
Der Weide, die sich neigt zum Stein am Grabe,
Als ob sie's, seine Schrift zu lesen, labe.

Du, kräft'ger Mann, wie stünd' ein Schwert dir prächtig!
Wohl auch das Zepter schwängst du gut und mächtig!
Wie schade! Doch vielleicht an einem Tage
Wiegt Zepter, Krummstab, Schwert gleich schwer zur
Wage.

Du dort, des Aug' voll Lebensglanzes spielend
Liebäugelt, nach dem Totenkopfe schielend!
Jetzt ist's verkehrt! Ins schöne Aug' des Lebens
Schielst du, selbst Totenschädel, ach, vergebens!

Doch fort von hier! Es will mir nicht gefallen,
Aus sichrem Port zu schaun das Sturmmeer wallen,
Des Lebensschiffes Wrack im Zwielicht blinken
Und Schwimmer krampfhaft rudern, ach, und – sinken!

Doch halt! Sieh dort, wie Vollmond aufgegangen,
Ein Abbasbild mit vollen, ros'gen Wangen,
Ehrwürd'gen Bauchs, daß fast mir angst, es sprenge
Sein Atemzug des goldnen Rahmens Enge!

Den Maler küßt' ich gern, der auf den Wangen
Dies sonn'ge Lächeln haschend eingefangen,
Den Paradiesesvogel, glanzvoll stille
Umschwebend dieses Rosengartens Fülle!

Er hieß, wie Josua, die Sonne stehen,
Daß sie der Enkel noch mag leuchtend sehen,
Daß dieses Lächelns Geister einst nach Jahren
Mit mildem Glanz in trübe Seelen fahren!

Wie noch zu uns aus Tagen, längstvergangen
Manch rundgewalt'ge Tempelkuppeln prangen,
So in das magre Jetzt aus beßren Tagen
Seh' kühn ich deinen Bauch herüberragen.

Wie eines bombenfesten Kellers Bogen,
Drein sich die Fröhlichkeit zurückgezogen,
Der vom Geschütz des Witzes nur erschüttert,
Nur von des Lachens Erdebeben zittert!

Und über ihm und seinem Kleid, dem dunkeln,
Seh' ich das gute, runde Antlitz funkeln
Als Morgensonne, feist und purpurglühend,
Licht über dunkle Alpenmassen ziehend.

Du warst wohl gut, ich schwör's! – Aus einem Sterne
Siehst du jetzt täfelnd her und duldest gerne,
Daß keck auf deines Bauches Polsterpfühle
Jetzt meine Phantasie, das Kindlein, spiele.

So blühst du jetzt noch als gefüllte Rose
Durch dies Gestrüpp ringsum, das blätterlose;
So gießest du als Vollmond milde Strahle
Versöhnend rings auf düstre Trauermale.

7.

Seht dort den Mönch, kapuzumhüllt die Augen!
Doch diesen scheint ihr Wohnhaus nicht zu taugen,
Zween Adlern gleich, aus dunkeln, öden Klüften
Zum Flug sich schwingend nach den sonn'gen Lüften.

»Auf meinem Haupt, von der Kapuz' umdunkelt,
Hat einst ein Helm mit grünem Zweig gefunkelt;
Dies Herz, in eine Kutte jetzt verkrochen,
An einen Panzer trieb's kampflustig Pochen!

Wie rauschten, Leipzig, einst auf deinen Bahnen
Ums trunkne Haupt uns der Begeistrung Fahnen,
Daß, wer da fiel, mit Jauchzen, wohl wie trunken
Unter des Lebens grünen Tisch gesunken!

Der Himmel glüht', als schien er selbst zu bluten,
Die Sonne lag auf roten Dampfesfluten,
Als wenn ob uns der Purpur Deutschlands schwebte,
Und sie auf ihm als Kaiserkrone bebte!

Uns alle deckte mild sein Riesenschatten,
Darunter focht sich's gut und ohn' Ermatten!
Doch saht ihr's, wie in Fetzen er zerflogen
Und Nebel blieb, der gaukelnd uns belogen!

Die Banner, drauf in Gold: Freiheit! geschienen,
Sie sind zerrissen, und das Wort mit ihnen!
Mir graute nimmer vor des Kampfes Wüten,
Doch bebt' ich vor des Siegeskranzes Blüten!

Mein Lorbeerreis, ich gab es preis den Lüften,
Und die Begeistrung trug ich stumm zu Grüften,
Daß sie wie Tote in der schwarzen Erde,
In dieser Kutte still bestattet werde.

Ihr, die ihr schlaft auf Leipzigs Fluren, Brüder,
Einst tritt zu euch der Waffenbruder wieder;
Das wird ein lustbarlich Erkennen geben,
Seht ihr im Maskenkleid heran ihn schweben!

Statt mich in freies, grünes Feld zu neigen,
Daß meinem Herzen Blumen frisch entsteigen,
Muß dann in dumpfe, dunkle Gruft ich schweben,

Unfruchtbar, ach, im Tode, wie im Leben!

Statt farb'gem Kleid und blankem Wehrgeschmeide,
Dran sich die arme, kahle Erde weide,
Wird meinen Leib die Kutte scheu umschleichen
Und meine Lend' ein Strick, das Sklavenzeichen!

Statt daß bekränzt die Fahn' aufs Grab sich senke,
Als ob sie mein in stillem Dank gedenke,
Wird die Kapuz' aufs Auge mir gerissen,
Fürwahr, als ob sie mein sich schämen müssen!

Statt daß im Trauermarsch die Trommeln hallen,
Den letzten Gruß der Brüder Büchsen knallen
Und pochend an des Himmels Pforten schlagen,
Dem alten Krieger Einlaß anzusagen;

Schnarrt dumpf zur Gruft mein Sarg am Seile nieder,
Umkrächzen mich der Mönche heisre Lieder
Mit müdem Flügelschlag, wie satte Raben!
Wirst du auch, deutsche Freiheit, so begraben?«

8.

Ich stand im Klosterhof vorm Marmorbilde
Des Engels mit dem Flammenschwert und Schilde,
Sein Fuß tritt sieghaft auf den Höllendrachen
Mit schupp'gem Leib und offnem Feuerrachen.

Doch seht jetzt zwiefach Satanas bezwungen:
Ein Rosenstrauch hat blühend sie umschlungen
Und wächst und drückt dem Seraph auch behende
Anstatt des Schwerts ein Röslein in die Hände.

Ich ging ins Refektorium der Brüder
Und setzte mich zum Mahl mit ihnen nieder,
Auf schwarzer Tafel aber stand mit Kreide:
»Silentium!« der Todesspruch der Freude.

Doch des Verbotes scheint gar wenig fragend
Die Nachtigall, in nahen Büschen schlagend,
Das Taubenpaar, vorm Fenster liebegirrend,

Der Väter frommes Sinnen fast verwirrend!

Ich wallte durch des Gartens Duftgelände,
Da schmückt' einst eine Sonnenuhr die Wände,
Drauf stand in schwarzer Schrift die trübe Kunde:
»O Mensch, du kennest weder Tag noch Stunde!«

Doch Reben ranken jetzt um Zahl und Zeiger,
Dran eine Traube hängt als Schenkenzeiger,
Die dichten Ranken säuseln lust'ge Kunde,
O Mensch, du kennst jetzt wahrlich nicht die Stunde.

Mich dünkt, als ob Natur mir allerwegen
Hielt' eine große lichte Freud' entgegen,
Und wie Madonna mit dem heil'gen Kinde,
Den Schmerz der Welt versöhnend, vor mir stünde.

Es hat ihr Arm geheftet ihren blauen,
Gewalt'gen Mantel vor der Zukunft Grauen;
Sie ließ den grünen Teppich niedergleiten
Auf all den Moder der Vergangenheiten.

Sie aber spricht: Bereitet sind die Wege!
Durchzieh, mein Gast, frei meines Reiches Stege,
Das Haupt umstrahlt von Himmels Sternenglanze,
Den Fuß geküßt vom Erden-Blütenkranze.

Setz dich zu Tisch, doch zieh nicht Gramgesichter,
Sei meiner Satzung kein trübsel'ger Richter,
Denn üb'rall hinter dir mit grüner Rute
Steht Lenz, mein lust'ger Rat, im Schellenhute.

9.

Der ew'ge Mond im Dom der Nächte schimmert,
Die ew'ge Lamp' im Klosterkirchlein flimmert;
Horch Mitternacht! Von den zwölf Schlägen gellen
Der Mönche Särge, wie einst ihre Zellen!

Und wie zur Hora einst, entsteigt den Bahren
Ein dunkles Heer in schleppenden Talaren,
Voran die Kirchenfahne mit dem Kranze

Und ein gewaltig Kreuz auf hoher Lanze.

In langem Zug, gesenkten Auges, schweigend,
Langsam und feierlich zum Chore steigend,
Jetzt braust ihr Lied, und Orgelklang gewittert,
Daß Wand und Pfeiler bebt, die Kuppel zittert:

»Weh! was wir bauten, ist in Schutt geschmettert!
Weh! was wir säten, hat der Sturm entblättert:
Das Los all unsres Lebens und Gebetes,
Der Mensch zertritt es, und der Wind verweht es!«

Dort unten wandeln zwei verblichne Meister!
Das sind des Bildners und des Malers Geister,
Jetzt vor zerfallnen Marmorbildern stehend,
Jetzt manch entfärbtes Altarblatt besehend:

»Web dir, o Zeit, verstümmelt wie ein wilder,
Mutwill'ger Bube hast du unsre Bilder!
Weh euch, o Staub und Moose! Euer Weben,
Das Bahrtuch ist's von unsres Geistes Leben!«

Und wieder trat aus einem schlichten Grabe
Ein Mann mit Zirkel, Winkelmaß und Stabe;
Er setzte sich auf morsche Quadernstücke,
Arkad' und Kuppel maßen seine Blicke:

»Weh! Stolzer Säulen Zier liegt rings gebrochen!
Mir ist's, als wären's meine eignen Knochen!
Wer untergeht im Werk all seines Lebens,
Der stirbt wohl zwiefach, ach, und lebt vergebens!«

Indes stand lächelnd mitten unter ihnen
Der helle Mond und sprach mit heitren Mienen:
»Ich wall' als Geist der Sonn' in dieser Stunde,
Und so spricht sie zu euch aus meinem Munde:

Ich wandle meine Bahn seit Jahr und Jahren,
Wer hat des Leides mehr als ich erfahren?
Was nennt ihr eures Lebens Preis vergebens?
O seht den schnöden Preis all meines Lebens!

Ich bin das Licht! – Die Welt liegt noch in Nächten!
Ich bin die Freiheit! – Sie ist voll von Knechten!

Ich bin die Liebe! – Sie ist hassestrunken!
Ich bin die Wahrheit! – Sie in Trug versunken!«

Und wie er's sprach, war's, als ob flüchtig walle
Ein leis Gewölk vor seinem hellen Balle,
Wie um ein schönes Antlitz Gramgedanken!
Die Geister aber in die Nacht versanken.

Der ew'ge Mond durchs Kirchenfenster schimmert,
Die ew'ge Lampe matt und matter flimmert;
Die Leichenstein' im fahlen Zwielicht ragen,
Im Osten graut's, mich dünkt, es will bald tagen.

10.

Im Klosterkeller ragt aus vielen mindern
Ein riesig Faß, wie Vater unter Kindern;
Drum nehmen sie's nicht krumm, daß es zu ihnen
Sich also stolzen Wortes mag erkühnen:

»Ich bin mit Fug der Abt in eurem Orden!
Denn wem ist solch Prälatenbäuchlein worden,
Ein also rundgewölbtes, kugelfeistes?
Wer ist von euch, gleich mir, so voll des Geistes?

Ihr fühlt's und kniet von Demut voll im Kreise
Tief unter mir nach frommer Brüder Weise,
Als sollt' aufs Haupt der Abt die Hand euch legen
Und über euch nun sprechen seinen Segen.

Und öffn' ich meine Lippen, wahrlich allen
Wird meine Lehr' und Predigt wohlgefallen;
Denn voll und kräftig dem Prälatenmunde
Entquillt die unverfälschte goldne Kunde.

Seht meinen Leib in brauner Kutte prangen,
Den Wanst gespannt in blanke Gürtelspangen;
Aus niedrem Stamm hat mich der Herr erhoben,
Daß ihr in mir mögt seine Wunder loben!

Denn meine Väter sind nur Winzerleute,
Als Bäurin dient noch Mutter Erde heute;

Das ist der einz'ge Unstern in dem Spiele:
Ach eine Mutter nur und Väter viele!

Der Kindheit Garten, Eltern, Brüder alle
Verließ um die Klausur ich dieser Halle!
Und aus der Jugendfreiheit sonn'ger Schwüle
Trat ich zum Klosterfrieden dieser Kühle.

Dort mußt' am Stab bergan ich klimmend keuchen,
Hier dehn' ich mich auf breitem Bett von Eichen:
Dort hab' ich jeder Wolke bang gezittert,
Hier hör' ich's kaum, wenn's oben sturmgewittert.

Ganz eingesessen meinem Lehngestühle,
Wird mir das Aufstehn schwer aus seinem Pfühle;
Da müssen sie von hinten, kaum zu glauben,
Mich in die Höhe mit der Winde schrauben!

Nur wenn der Lenz um jene Hügel glühte,
Und jede Rebe sprießt in voller Blüte,
Da wird mir's fast zu eng in diesen Hallen,
Und mein Prälatenblut beginnt zu wallen!

Vom Leibe möcht' ich meine Kutte lösen
Und wieder Rebe sein, wie ich's gewesen,
Auf meinem Herzen auch mein Sträußchen bringen
Und meinen Arm um eine Schwester schlingen!«

11.

Im Klosterdome prangt, aus Stein gehauen,
Des Stifters Grabmal, kläglich anzuschauen:
Ein Ritter kniend, Stahl um Brust und Lenden,
Den Rosenkranz fest in gefaltnen Händen.

Vor ihm liegt ein Brevier und Totenschädel,
Ein Kruzifix und dran ein Weihbrunnwedel
Und eine Geißel, daß den Leib er schlage!
Ei, ob er drum wohl Schien' und Panzer trage?

Und was noch Trübes fehlt, der Stein mag's künden:
Wie er gen Sion zog, sich zu entsünden,

Wie er die Fasten hielt und sich kasteite
Und keine Mess' versäumt' und niemals freite.

Doch muß ich dieser Marmorlüge lachen,
Denn mir erzählt mein Herz ganz andre Sachen,
Als sei's mit dir, du teurer Held, vor Jahren
In lust'gem Zug froh durch die Welt gefahren.

Ich seh' dich zwar nach Schädeln noch verlangen,
Doch ist noch Goldhaar dran und ros'ge Wangen!
Zwar noch den Rosenkranz, doch aufgezwungen
Den Händen nicht, nein, frei ums Haupt geschlungen!

Ich sehe dich an Bord, die Flut durchjagend,
Du stehst am Deck, die Harfe fröhlich schlagend,
Daß selbst das Schiff im Tanz durchflog die Wogen,
Und hinterdrein Delphine walzend zogen!

Seh' deiner Sehnsucht heilig Grab dich finden
In Salem in zwei Armen, weichen, linden;
Es neigen schattend sich, wie seine Fahnen
Rings um den Sieger, Palmen und Platanen.

Ich sind' auf Burgen süßer Heimat wieder
In Landen kühl dich und die Waffenbrüder,
Die klingenden Pokale frisch erneuend
Und Scherz und Lied drein als Gewürze streuend;

Seh' auf der Klänge Meer im Saal dich wiegen,
Als rüst'gen Segler tanzend es durchfliegen;
So hält der Sprosser nimmermüden Reigen
Im sel'gen Festessaal von Blütenzweigen.

Daß sie am Grab dir lesen so viel Messen,
Ist, weil du lebend ihrer oft vergessen!
Doch log etwa die Kunde meines Herzens?
Und warst du doch ein trüber Sohn des Schmerzens?

Dann, kraft des Dichterrechts, das mir gegeben,
In meinem Herzen leb' ein schönres Leben!
In meinem Herzen wirst du neu geboren,
Und alles dir erweckt, was du verloren.

Der Freund, daß du ihn liebend magst umschließen,

Die süße Maid, die du versäumt zu küssen,
Der Rosenstrauch, dem kalt vorbei du gingest,
Daß du ihn jetzt in deine Locken schlingest!

12.

Am Zellenfenster lehnt im Mondenlichte
Der strenge Abt mit düstrem Angesichte;
Es steht ein Priesterjüngling vor dem Manne,
Ein grüner Sproß bei alter, dunkler Tanne.

Es müht der Mondstrahl sich umsonst, dem Alten
Zu streichen aus der Stirn die finstern Falten,
Die in so grellern Schattenfurchen brechen,
Nun er zu jenem so begann zu sprechen:

»Dies Kleid, das, Jüngling, heute dich umfangen,
Die Welt sah's einst als schwarzen Purpur prangen,
Des Haupts Tonsur als Kron', als eine echte!
Als Fürst der Fürsten herrscht' der Knecht der Knechte!

Voll Kön'ge ist die Welt, das Land voll Heere,
Das Feld voll Pflüge, segelvoll die Meere!
Er winkt, und Segel, Pflüge, Heere wallen!
Er winkt, und auf ihr Knie die Kön'ge fallen!

Kühn fühlte über Sterne sich gerissen
Des Priesters Stolz, die Welt zu seinen Füßen,
Die Welt, die Puppen gleich im Puppenspiele,
An seinem Draht er spielend lenkt zum Ziele!

Das Puppenspiel beginnt, die Kerzen flammen;
Ihr Bänke brecht der Menge nicht zusammen!
Den Priester decken des Theaters Wände:
Ein Puppenspieler berge gut die Hände.

Des Chaos Nacht, des Paradieses Zweige,
Die Schlang' und das berühmte Blatt der Feige,
Der Fels von Löschpapier, des Meeres Wogen,
Sie kommen all' an seinem Draht gezogen.

Dem Engel, dem vom Weingeist brennt der Säbel,

Der liebe Herrgott selbst im Wolkennebel,
Der ölgetränkte Mond, samt Sonn' und Sternen,
An seinem Drahte mußten gehn sie lernen.

Ein Guß von Streusand wird als Sündflut taugen!
Streut so viel Sand dem Volk nicht in die Augen!
Der transparente Regenbogen nahte
Dem wasserscheuen Noah jetzt am Drahte.

Ein Engel packt dort Habakuk beim Schopfe!
Sieh Judith mit des Holofernes Kopfe!
Horch, Josua schießt mit Posaunen Bresche!
Elias reist in brennender Kalesche.

Die Krone Sauls, des Makkabäus Degen,
Die Harfe Davids weiß sein Draht zu regen,
Den Hohenpriester mit Papierscher', Brillen,
Bereit, des Herrn Beschneidung zu erfüllen.

Schon soll der Draht gen Himmel Christum tragen,
Wohl hungert längst des Puppenspielers Magen;
Da wandelt Satan in Gestalt des Schenken
Mit Wein und Würsten zwischen Bühn' und Bänken.

Die Hand ließ Christum aus den Wolken fallen,
Rasch in die Schüssel griffen ihre Krallen!
Das Auferstehungsfest des Himmelsfürsten,
Ach, wurde so zur Himmelfahrt von Würsten!

Das Volk stürzt pfeifend, lachend aus dem Saale,
Zum Nachtisch hagelt's Äpfel noch zum Mahle;
Das war des Puppenspieles tragisch Ende:
Ein Puppenspieler berge gut die Hände.

Ob wir aufs neu' auch Sonn' und Mond polierten,
Neu Evens Baum mit goldner Frucht staffierten,
Aus bleibt das Volk, leer stehn des Saales Wände:
Ein Puppenspieler zeige nicht die Hände.«

So sprach der finstre Mann zu dem Gesellen
Im Angesicht des Monds, des glänzend hellen,
Indes die Nachtigall im nächsten Flieder
Die Jungen lehrte ihre ew'gen Lieder.

13.

»Der Brüder Mangel gab mir zu viel Würden!
Im Büchersaal hüt' ich Foliantenhürden,
Als Gärtner muß ich Kohl und Blumen treiben
Und als Chronist des Klosters Chronik schreiben!

Quartanten dort gleich Leichensteinen prangen,
Dran Spinnennetz' als Totenhemden hangen;
Ich wehr' es nicht, da dieser Grüfte Blüten
Die Welt ja längst mit Duft und Glanz durchglühten.

Die Chronik schlag' ich auf, da find' ich wieder
Die Rose, die ich drein einst legte nieder
Als Zeichen, wo mein Vorfahr stehn geblieben.
Ach! meine Hand hat noch kein Wort geschrieben!

Ist's meine Schuld, daß längst die Wunder schweigen,
Kein Fürst sich zum Besuch am Tor will zeigen,
Kein Bannstrahl blitzt, und in dem Klosterleben
Sich's nur begibt, daß gar nichts sich begeben?

Mich aber dünkt's, als ob die Weltgeschichte
Sich mählich ganz in meinen Garten flüchte;
Wenn draußen tatenleer die Tage wandern,
Blüht drin ein hold Ereignis nach dem andern.

Als sich des Winters Wüsten in den Sonnen
Des Lenzes zu bevölkern kaum begonnen,
Da ward die Tulpe auf des Thrones Stufen
Erhöht und laut als Kön'gin ausgerufen.

Die Rose zeigt dem Voll sich vom Altane,
Da wird entthront die eitle Tulipane!
Die Rose prangt mit Duft und Dorn und Blüte:
Es herrsche Schönheit, Kraft und Herzensgüte!

Des nicht zufrieden, sind zum Bund verschworen
Violen, die rebellisch trikoloren;
Die Köpfchen stecken flüsternd sie zusammen,
Gen die Tyrannin Wettkampf zu entflammen.

Sieh Goldorangen, Kronen in den Händen,
Granaten, die das Aug' mit Purpur blenden,
Gesandte Welschlands, Kron und Purpur bietend,
Das Glashaus, das Hotel der Fremden, hütend!

Sieh hier des Fruchtbaums got'schen Domturm ragen,
Darin als Glocken hell die Vögel schlagen,
Um seinen Fuß die farb'gen Blumen alle,
Wie Gläub'ge Sonntags um des Münsters Halle.

Dort hüllt in Traubenschmuck und Laubgewebe
Den kahlen Pfahl, der sie gestützt, die Rebe,
Des Armen Blöße deckend und im Bilde
Mir schön entschleiernd christlich echte Milde.

Ich weiß mit Blütenranken, Baumspalieren
Die Wand, die von der Welt uns trennt, zu zieren;
Was sollt' ich ob der Scheidemauern klagen,
Die mir so schöne Blüt' und Früchte tragen!

So ist, o Herr, ein stilles, schönes Schweben
Durch Blütenglanz und Sonnenduft mein Leben!
So mag mein Geist zu deines Frühlings Hallen
Durch Blütenglanz und Sonnenduft einst wallen! –

Ha, Zeit ist's, meine Blumen zu begießen!
Ach, unbeschrieben muß mein Buch ich schließen!
Dich, Rose meines Gartens, leg' ich wieder
Als Zeichen in der Chronik Blätter nieder.

Da magst du Würze hauchen in die Spalten
Des vollgeschriebnen Säkulums, des alten,
Und in das leere weisse Blatt des neuen
Dein Morgenrot und deine Düfte streuen.«

14.

Wie seid ihr schön, ihr lieben, grünen Ranken,
Die jener Zelle Fensterlein umschwanken,
Ihr steigt empor wie Stufen lust'ger Stiegen,
Drauf grüne Teppiche gebreitet liegen!

Wie lieb' ich euch, ihr Ranken, schön und heiter,
Ihr grünen Sprossen einer Frühlingsleiter!
An euch empor ziehn kletternd meine Träume,
Neugierig blickend in des Innern Räume.

Den letzten Mönch seh' drin auf Knien ich liegen,
Die andern all' sind längst zur Gruft gestiegen,
Den andern allen drückt' er zu das Auge,
Und keiner blieb, der sein's zu schließen tauge.

Da fließt ums greise Haupt in ernster Mahnung
Wie leiser Flügelschlag ihm Todesahnung,
Als fühlt' er säuselnd drauf im Windeswallen
Sanft einen Kranz von dürrem Herbstlaub fallen.

Er rafft sich auf; mit dumpfem Nachhall gleiten
Des Mönchs Sandalen durch der Gänge Weiten,
Ihm dünkt es, wie er hört die Doppeltritte,
Als ob mit ihm der Geist des Hauses schritte.

Den Dom entlang bis zu des Chores Bogen!
Da greift er mächtig in der Orgel Wogen
Und läßt aus voller Brust laut durch die Hallen
Sein: »Großer Gott, wir loben dich!« erschallen.

Und wie die Tön' im leeren Dom mit Dröhnen
Ringsum, gewalt'gen Brausens, widertönen,
Ist's, als ob Antwort ihm aus Grüften klänge,
Und mit der Chor der toten Brüder sänge.

Jetzt ist es still, und Lied und Klang zerstoben!
Des Mönches offnes Aug' starrt kalt nach oben,
Als spräch's: Seht hier den letzten Mönch, ihr Frommen!
Denn mich zu schließen will kein Bruder kommen!

Und eine Weile drauf mit leisem Flimmern
Erlosch im Dom der ew'gen Lampe Schimmern;
Doch mir schien's, da ihr letztes Flackern bebte,
Als ob des Domes Seele still entschwebte.

Und eine Weile drauf, da stürzen fallend
Die Engelchöre, jenes Kreuz umwallend,
Wie wenn ein Baum am Grabe, sturmgerüttelt,

Drauf seine weißen Blütenflocken schüttelt.

Und eine Weile drauf, den Dom erschütternd,
Stürzt selbst der Baum, im Fall zu Moder splitternd!
Ihm nach Gewölbe, Kuppeln, Säulen rollen,
Wie Särgen eine Schaufel Erdenschollen.

Und eine Weile drauf wallt diesen Steinen
Die Zeit vorbei, wie morschen Totenbeinen:
Streut fromm darüber eine Handvoll Erde,
Daß ihnen christliche Bestattung werde.

Und eine Weile drauf, der Erd' entsprießend,
Wehn grüne Saaten drüber, lichtbegrüßend,
Stehn volle Rosen drauf, so duft'ge, helle!
Das ist wohl eine schöne Grabesstelle.

Und durch die Saatengänge, Rosenhallen
Seh' einen Dichter ferner Tag' ich wallen,
Sein Lied, auf lust'gen Saaten leis geschaukelt,
Sein Lied, von frischen Rosen hell umgaukelt!

Sie aber wollen ihm nicht anvertrauen,
Was ihnen in der Tiefe ward zu schauen,
Wie einst in meinem Herzen schon sie keimten
Und drin den Traum der Auferstehung träumten!

Nur eine Lerche, sonn'gen Äthers trunken,
Als Geist der Glocke, die dort tief versunken,
In Turmeshöhe schwebend über ihnen,
Läßt tönen ihre schönen Matutinen.

So hielt mein Herz des letzten Mönchs Begängnis,
Schon bricht herein mit Grausen das Verhängnis,
Die Kuppeln bersten, und die Pfeiler wanken! –
Wie schad' um meine lieben, schönen Ranken!

Cincinnatus.

1.

Im Golf Neapels, an Pompejis Küsten
Liegt eines Schiffes majestät'scher Bau;
Matrosen, an den Masten klimmend, rüsten
Zur nahen Abfahrt Segel schon und Tau.

Am Mississippi grünten einst die Wipfel,
Jetzt im Tyrrhenermeer sich spiegelnd dort
Entlaubt und kahl! Jedoch von ihrem Gipfel
Tönt lust'ger Vögel Lied noch immerfort!

Von außen über der Kajüte schimmert
Ein Römerheld, geschnitzt, als Schutzpatron,
Des Haupt ein goldner Lorbeerkranz umflimmert,
Des Hand als Strauß Cyanen hält und Mohn.

Ein Garbenbund liegt ihm zur Linken munter,
Rechts droht das Beil aus Ruten grimm heraus:
Die Ähnlichkeit verbürgend, spricht darunter
Goldschrift den Namen » *Cincinnatus*« aus.

Von vierundzwanzig Sternen golddurchschossen,
Neigt drüber sich die blaue Flagge mild,
Wie eine späte Glorie, die umflossen
Mit Sternenglanz das alte Heldenbild.

Ein Sohn Amerikas, gekreuzt die Hände,
Lehnt still am Mast an Cincinnatus Bord:
Sein Aug' durchschweift im Flug des Golfs Gelände,
Winkt hier ein Lebewohl, nickt Grüße dort.

»Europas Hand Italia, die schöne,
Erhebt sich segnend überm Wogenglanz,
Und daß des Meeres Haupt sie liebend kröne,
Hält sie Neapels Golf als würd'gen Kranz.

Er riß vor Füll'! Im Blütenkuß nicht küssen
Misenums und Minervens Kap sich mehr!
Wie einzle Blumen liegen losgerissen,

Zerstreut, die schönen Inseln bunt umher!

O Capri, Rose, schön im Spätrot glühend!
Doch sieh, Tibers zertrümmert Riesenschloß,
Es ist der Kuß der Schlange, geifersprühend,
Der, Rose, dir entweiht den keuschen Schoß!

Nisitas, Ischias weiße Burgen schimmern
Wie Wasserlilien überm Meeresplan;
Doch Kettenklang und der Gefangnen Wimmern
Steigt als der Kelche Duften himmelan!

Ihr Blüten rings, mich täuscht nicht euer Kosen!
Ich weiß, ihr seid ein Selam nur der Schmach!
Geschrieben hat in Lorbeern und in Rosen
Hier jede Zeit die Gräu'l, die sie verbrach!

Ich weiß es, Ros' und Lorber trunken schwellen
Nur in dem Duft, der rings aus Gräbern steigt;
Orangen, Reben und Granaten quellen
Nur von dem Blute, das sie reich gesäugt!

Sie alle sind Girlanden nur, zu ranken
Um einen großen Blutaltar: dies Land,
Die von des Opfers Todeskrampf noch schwanken,
Dran noch sein letzter Sterbehauch gebannt!

Es lodert mitten durch des Weltbrands Trümmer
Vesuv, das letzte Haus, das fort noch brennt;
Neapel, stolz gehüllt in Lärm und Schimmer,
Sein Schutt ist deines Baues Fundament!

Dein Volk, nur Trümmer jenes sturmentrafften,
Gewalt'gen Heldenvolks voll Glanz und Kraft,
Und deines Marktes kleine Leidenschaften
Nur Trümmer einer großen Lebenskraft!

Castellamare dort, wo Anjous Feste
In Trümmern stottert noch manch blutig Wort!
Elysium, eines Himmels Trümmerreste!
Avernus, einer Hölle Trümmer dort!

Sorrents Gestad' im blauen Flur von Lüften!
Wie mich dies Wort mit süßem Schmerz beschlich!

Sieh, auf Gesängen und Orangendüften
Wiegt ein zertrümmert Dichterleben sich!

Pompeji, sei gegrüßt, erhabne Leiche!
Die Gegenwart als Leichenräuber schwingt
Den Spaten; seht, wie er mit jedem Streiche
Zu Tag ein Stück der Weltgeschichte bringt!

Du bist das Antlitz nur vom Leib des Riesen,
Den noch umhüllt der Erde Leichenkleid!
Doch deines Hauptes welke Züge wiesen
Die alte Kraft und Füll' und Heiterkeit!

Dein Sarno, der dir einst als Kraftathlete
Der Schätze Last zum Port gewälzt so leicht,
Sieh, wie er mühsam jetzt zum Meeresbette,
Gleich wie ein Greis zum Grab aufs Krücken, schleicht!

Und triumphierend über Menschenkräfte
Pflanzt manchen Baum in deiner Hallen Flur,
Manch Moos dir auf Altär' und Säulenschäfte
Als Fahne der Erob'rung die Natur.

Doch blinkt noch unversehrt der Gräber Straße;
Ach, das allein Beständ'ge ist das Grab!
Und lächelnd wandelt deine öde Gasse
Der alte Sonnenschein noch auf und ab.«

So sprach des fernen Westens Sohn, indessen
Die Sonn' am Horizonte niederbog,
Von wo durchs Meer ihr Glanzstreif unermessen
Bis an sein Schiff als goldne Brücke flog.

Und auf der goldnen Brücke wandele heiter
Des Jünglings Geist gen Westen unverwandt,
Wallt durch die Meereswüste, immer weiter
Und fort und fort, da ruft er jubelnd: Land!

»Land! Land. o meines Vaterlands Gestade!
Willkommen, Baltimores schöner Strand,
Der mit den grünen Armen die Najade,
Das Meer, als seine süße Braut umspannt!

Es braust der Susquehannah, wogenschlagend,

Als Hymne dir vom Mund zum Preis der Braut;
Washingtons Mal, als lichter Pharus ragend,
Liegt dir als Talisman am Herzen traut.

Seid mir gegrüßt, ihr Wälder, Königsriesen,
Umwallt von farb'ger Ranken blühendem Reis,
Die purpurnen Trompeten gleich, als bliesen
Sie in Posaunen eurer Schönheit Preis.

Gewalt'ge Ströme, drauf des Dampfschiffs Wolke
Durch Urwaldwüsten und Savannen steigt
Und, wie die Säule Rauchs einst Jakobs Volke,
Die Bahn zu neuem, schönrem Eden zeigt!

Ihr Städte, über Nacht entsprossen schnelle
Gleich Blumen, seht, an euren Marktbrunn lenkt
Der Damhirsch seinen Schritt und sucht die Quelle,
Die gestern noch im Walde ihn getränkt!

Ihr stillen Pflanzungen einsam Zerstreuter,
Wo zu den Bäumen floh des Menschen Schmerz,
Die, greisen Ärzten gleich, ihr Laub wie Kräuter
Ihm heilend legen auf das wunde Herz!

Sieh, Leben rings auf jedem deiner Züge!
Selbst jene Grabeshügel alter Zeit
Verhüllt, wie eine tausendjähr'ge Lüge,
Auch eines tausendjähr'gen Waldes Kleid!

Selbst die Zypresse Mont Vernons, die düsternd
Vom Grab des Helden ferne Schiffer grüßt,
Ein Lied des Lebens säuselt sie, das flüsternd
Aufs Vaterland noch wie sein Segen fließt!

Wehklagend flieht der Urwald immer weiter,
Bison entstürzt und Panther mit Geheul,
Und hinter ihnen schwingt triumphesheiter
Der Mensch, obsiegend der Natur, das Beil.

Mein Vaterland, in deines Lebens Glanze
Sieh hin jetzt in Pompejis Angesicht,
Daß auch das deine einst im Todeskranze
So ruhig lächle und so ernst, so licht!

Daß, sollst du einst dem Dolch der Zeiten fallen,
Du heiter dich in deinen Mantel hüllst,
Und, so wie Cäsar, vor den Zeugen allen,
Im Tod noch groß und würdig sinken willst!«

So einte Ostens Lorbeer, Westens Palme
Sein Geist auf goldner Sonnenbrück' als Kranz;
Pompeji gab des Tods Zypressenhalme,
Amerika des Lebens Rosenglanz.

Die Blumen wurden farb'ger stets und lichter,
Da senkt' er sie ins ew'ge, tiefe Meer;
So, Freunde, senkt sie auch, gleich ihm, der Dichter
In eures Busens ew'ges, tiefes Meer.

2.

Pompejis Bürger, du, mit dessen Aschen
Vielleicht gerad vorbei die Winde spielen,
Die vor mir, tändelnd, Reb' und Rose haschen
Und in des Mittags Sonnenlocken wühlen!

Dein ist das Haus, das ich, dein Gast, begrüße,
Der sich verspätet um zweitausend Jahre!
Du bist ein Mann, mit dem sich's leben ließe,
Und freundlich heißt willkommen mich dein Lare.

Dein »Salve!« an der Schwelle dieser Hallen,
Nachstammelt dir's der Mosaik seit Jahren;
Es gilt auch mir, wie einst den Nachbarn allen,
Die jetzt mit dir dahin im Winde fahren.

Du wirst nicht zürnen des Besuchs, des späten,
Indes auch ich's dem Hausherrn nicht verarge,
Daß er statt Purpurkissen, Goldtapeten
Zum Sitz mir bietet nur dies Moos, das karge.

Wohl werden deine Laren sich vertragen
Mit meinen Hauskobolden gütlich können!
Wenn sie sich auch mit Kohlenbränden schlagen,
Daß sie nur uns die Schüsseln nicht verbrennen!

Sind Deck' und Goldgebälk auch längst in Trümmern,
Deckt blauer Himmel uns auch nur statt ihnen,
Ich bin ein milder Gast und seh ihn schimmern
Als deine seidnen, blauen Festgardinen.

Und sengt die Sonn' auch brennend meinen Scheitel,
Sie sei des Schweigens Rose, will ich schwören,
Gen deren Pracht selbst Pästums Rosen eitel,
Und die du aufgesteckt dem Gast zu Ehren.

Des Efeus Schnur, drauf die Zikade schaukelt,
Ist überm Haupt als Seil uns aufgehangen,
Drauf uns dein Gaukler seine Sprünge gaukelt.
Wir brauchen seines Sturzes nicht zu bangen!

Hier ist auch Amor! Seine Siege blieben
Verewigt an der Wand von Farbendichtern!
Zwar etwas derb und keck! Doch scheint's, im Lieben
Ist besser allzukeck, als allzuschüchtern!

Bacchustrophäen, Amphor'n in den Hallen
Zerstreut, wie trunkene Bacchanten, liegen;
Ist auch mit Asch' ihr Mund verstopft, doch lallen
Sie noch von ihres Gottes lust'gen Zügen!

Gruß, Musen, euch! Dort die Papyrusrolle,
Verkohlt und morsch, wahrt noch im Eingeweide,
Gleich wie der Muschel Schrein, der perlenvolle,
Wohl manche Perl aus eurem Festgeschmeide.

Laß uns zu deines Gartens Blütenfesten!
Ach, seine Mauern, die verwaisten, gleichen
Dem Aschenkrug mit den verbrannten Resten
Des Lenzes, der als Jüngling mußt' erbleichen!

Doch sieh dort neu Viol' und Rose nickend
Und Reben grünend, Palmen und Platanen!
Sie sprießen draußen, still herüber blickend,
Wie wir jetzt auf die Gräber unsrer Ahnen!

Und sieh, hier kommen ja noch andre Gäste!
Bequem macht sich, wie ich in deinem Zimmer,
In ihrer Schwester tausendjähr'gem Neste

Die Schwalb', umschwebend deines Simses Trümmer!

Den Rosenfriedhof hier umschwebt ein dreister
Goldfalter, wie ein Geist, der sich verirrte!
Umsäuseln ihn des Gartens Blumengeister?
Denkt er des Ahns, des Flug sie einst umschwirrte?

Ich aber weiß, des Daseins Ring, der helle,
Er ist in einem ungeheuren Bogen
Durch Stern und Baum, durch Rosen, Sonnenbälle,
Durch Menschenherz und Engelsbrust gezogen!

Des Daseins Lied, von allen angeklungen,
Aussprechen kann für sich allein es keiner!
Was meine Lippen ganz nicht ausgesungen,
Ergänzen Rose, Stern und Baum statt meiner!

Und nur ein Teil von mir wird eingegruftet,
Ein Teil von mir wird fort sein Dasein leben;
Ein Teil von mir ist's, was in Rosen duftet,
In Sonnen flammt und grünt in Palm' und Reben!

Ein Teil von mir ist's ja, das von dem Hügel
Als Quell durchstürmt der Erde ew'ge Fluren,
Als Schmetterling noch schlägt die farb'gen Flügel,
Als Schwalbe noch verfolgt des Frühlings Spuren!

So soll mein **Salve**! einst auch Enkeln klingen,
Wenn über ihren Reben, Quellen, Rosen
Im Jubelfluge, aus des Windes Schwingen
Vorüber meine Aschenreste tosen!

3.

Sei mir gegrüßt, Ohio schöner Strom,
Der im gebetesstillen Urwaldsdom
Auf neuer Städt' unheil'gen Marktlärm stößt,
Hier Goldsaat tränkt, dort Felskolosse flößt!

Ein Bild der Zeit, begegnen sich auf dir
Der Riesenbaum, den Sturm entwurzelt, hier
Und dort des Dampfschiffs wandelnder Palast,

Des Wilden Kahn, gebaut aus einem Ast!

Hier hörtest du des Briten feilschend Wort,
Des irren Indianers Wehruf dort
Und lauschest jetzt des Deutschen ernstem Lied,
Das auf dem Strom der Sehnsucht heimwärts zieht!

Du sangst mein Wiegenlied, du hieltest klar
Dem Jüngling einst der Reinheit Spiegel dar
Und hast geflüstert leis ins Herz dem Mann
Des Ernstes und der Kraft ein Wörtlein dann!

Du siehst mein Vaterhaus, so deutscher Art,
Als ob's ein Engelpaar in lust'ger Fahrt,
Wie einst Lorettos Gnadenhaus, hierher
Gerad vom Rhein getragen übers Meer.

Drin grüß ich, heimisch Larenpaar, dein Bild,
Dich, großer Fritz, dich, Joseph weis' und mild!
Am Fenster klimmt ein Rosenstrauch hinan,
Auch er durchmaß als Zweig der Meere Bahn.

Ein Frühlingsargonaute zog er fort,
Der, steuernd aus der Heimat sichrem Port
Nach ferner Lenze goldnem Sonnenvlies,
Daheim sein Liebchen Nachtigall verließ.

O Deutscher, deine Heimatlieb' ist gleich
Dem Feuerwein, an Duft und Gluten reich,
Der, wenn er weiter Meere Bahn durchzog,
Nur höhre Glut und neue Würzen sog!

Vorm Hause liegt ein Feld, aus dessen Raum
Manch Strunk noch ragt von manch gefälltem Baum,
Ein Urwaldsforum, von des Säulenzahl
Des Feindes Sturm nur ließ manch Piedestal.

Und mitten in gesunkner Säulen Kreis
Als Triumphator sitzt ein ernster Greis,
Als Zepter blitzt die Axt in seiner Hand,
Als Siegeswagen fuhr sein Pflug durchs Land!

Mein Vater ist's! Seht rings sein rüstig Heer!
Es starrt von Golde, schimmernd Speer an Speer!

Die Saaten sind's, sie lagern nah und fern,
Gewaffnet all' für ihren süßen Kern!

Das sind vom Rhein die Truppen, deren Zelt
Er siegreich an Ohios Bord gestellt!
Sie flüstern, Kriegern gleich an fremdem Strand,
Vertraut vom schönen, fernen Vaterland.

Colibrischwärme flattern farbenreich
Ums Heer, verbuhlten, lust'gen Dirnen gleich;
Ihr Losen, laßt mir ungeschwächt und stark
Die schöne Fremdenschar an Kern und Mark!

Die Herde, die im Walde läutend geht,
O Held, ist deiner Taten Hofpoet;
Gleich dem erhebt, wenn Hunger sie beschlich,
Am allerlaut'sten ihre Stimme sich.

Sieh Riesenbäume, die geschont dein Streich,
Mit Kränzen üpp'ger Schlingeblumen reich
Behängt die Arm', als Abgesandte stehn,
Die kamen, Frieden von dir zu erflehn!

Und nachts, wenn durch des Urwalds dunkles Grün
Myriaden Feuerfliegen leuchtend sprühn,
Ist's die Beleuchtung nur, die funkeln läßt
Dem Sieger die erstürmte Stadt zum Fest!

Nur dort im Mondenschein ragt tot und kahl
Uralter Bäume Patriarchenzahl,
Wie Geister der im Kampf Erschlagnen fast,
Ein stummes Händeringen jeder Ast!

Sieh fern die Wogen eines Feuermeers
Wie Lagerfeuer des geschlagnen Heers!
Als schwäng' das Flammenschwert ein Seraphchor,
Flammt einmal noch der Wald im Zorn empor!

Die Ros' am Fenster glüht im Widerschein,
Sie nickt wohl grüßend in die Nacht hinein,
Doch dünkt mich, in dem blütenreichen All
Fehlt ihr die heim'sche, deutsche Nachtigall.

Du hast erkämpft ein schönes Vaterland!

Was neigst du sinnend, Greis, dein Haupt zur Hand?
Ob deines Herzens stillen Rosen nicht
Wohl auch die heim'sche Nachtigall gebricht?

4.

Des schönsten Busens Form seh' ich bewahren
Dich, graue Lava, Aphroditens Becher!
Der Liebe Trank, den ewigen, feuerklaren,
Schlürf' ich aus dir, ein durst'ger Liebeszecher!

Ich seh' die schönste von Pompejis Frauen
Im Garten, der sich sonnig vor ihr breitet!
Wohl ist er schön und blütenvoll zu schauen,
Doch schöner, üpp'ger blüht, die ihn durchschreitet.

Es hält Akanth und Bux als Wacht von Zwergen
In Haft Viol' und Ros' im grünen Erker;
Ihr Mieder doch mag als Gefangne bergen
Zwei schönre Röslein wohl in seinem Kerker.

Ich seh' als Silberschaft den Springquell steigen
Und ihn als Schnee millionenflockig fallen,
Gleich einer Trauerweid' aus Silberzweigen,
Doch schöner, weißer ihren Busen wallen!

Da sieht der Geist des Feuerbergs hernieder
Vom Flammenthron: ihn faßt die Macht der Liebe!
Bebt, wenn euch Götter hassen, Erdenbrüder,
Doch auch nicht minder bebt ob ihrer Liebe!

Schon eilt, daß ihn kein Späher überrasche,
Sein Mohrensklave, jene schwarze Wolke,
Mit einem Schleier – ach, von Staub und Asche! –
Der Liebe Haus zu hüllen vor dem Volke!

Schon muß dem Kuppler nach, daß er nicht weile,
Sein Sklavenvogt, der Sturm, jetzt brausend fahren;
Der peitscht mit Feuerruten ihn zur Eile
Und zaust in seinen schwarzen, krausen Haaren!

Schon tobt herab der Herr die Bergestreppe,

Im Purpurmantel glühnder Laven wallend:
Vesuv als Page hält den Saum der Schleppe,
In ries'gem Bogen seinem Arm entfallend!

So ungestüm hetzt jenen Liebeshitze,
Daß aus der Feuerkron' im Niederwallen
Ihm Diamanten: flammenhelle Blitze,
Granaten: glühnde Felsen taumelnd fallen!

Schon ist er da, die Arme ausgebreitet,
Die feur'gen, daß den süßen Leib er hasche!
Doch ab von seinem Herzen dieser gleitet,
Und knickt zur Erd' als eine Handvoll Asche.

Die Rosen sind verdorrt am Hochzeitfeste!
Die Quellen sind versiegt im Gartengrunde!
Nur in des Königsmantels Lava preßte
Sich ab des schönsten Busens volle Runde.

Da sprach der Gott: »Weib, deines Leibes Schöne
Verweh' nicht, Rosen gleich, im Kuß der Winde!
Sie soll entzücken noch die Enkelsöhne,
Stets leb' ein Zeuge, der sie ihnen künde!

Du graue Lava, sollst in Staub nicht fallen!
Als Lampe, schöngeformt, sollst du erhellen,
Glanzstrahlend, der Jahrtausend' Tempelhallen
Und voll des heil'gen Öls der Liebe quellen!

Als runde Opferschale sollst auf Erden
Der Liebe ew'gen Nektar du kredenzen,
Draus sich Jahrtausende berauschen werden,
Und deren Rand die spätsten Rosen kränzen!«

5.

Ihr meine Grüße, fliegt, Sturmvögeln gleich,
Weit übers Meer! Senkt auf die Gipfel euch
Der Alleghany, wo ihr schauen mögt
Das Hans im Tal, das meine Liebe hegt.

Des alten Pflanzers Häuschen, schmuck und blank,

Vor dessen Tor auf weicher Rasenbank
Vereint wir saßen einst, und meine Hand
Des Waldes Blumen ihr zu Kränzen band.

Ihr Haupt lag in des greisen Vaters Schoß,
Des Silberhaar aus ihre Locken floß,
Wie nieder zu des schönen Saatfelds Gold
Ein Wasserfall die weiße Schaumflut rollt.

Wie ihre Augen, Sonnen im Azur,
Geglänzt ob ihrer Wangen Rosenflur!
Des Alten Blick' ein hütend Wächterpaar,
Daß ja kein Leid den Rosen widerfahr'.

Als Adler wiegten meine Augen schnell
Sich über Saatgold, Rosenflur und Quell,
Doch flogen stets sie wieder ohne Ruh
Nach Adlerbrauch den beiden Sonnen zu.

Da sprach die Liebste: O erzählt mir fein,
Was für ein Ding mag eine Krone sein?
Ob sie so schlimm, wie du, mein Vater, klagst?
Ob sie so schön, wie du, Geliebter, sagst?

Der Alte sprach: Einst unheilschwanger stand
Die Krone als Komet ob unsrem Land;
Die Wiesen dorrten, Saaten sengte Reif,
Das Gräßlichste war des Kometen Schweif!

Ich sprach: Die Sonne ist des Himmels Kron';
O sieh, welch Glanz ausströmt von ihrem Thron!
O sieh, wie reich ihr Untertan, die Welt,
In Blumen, Korn und Laub voll Segen schwellt!

Er sprach: Da galt es die Gigantenschlacht!
Der Pelion wieder auf den Ossa kracht!
Mit Pfeif' und Trommel lustig himmelan
Stürmt der Gigante Yankee-Jonathan!

Ich sprach: Sieh dort der Berge Königsschar,
Gekrönt mit Sonnengold das dunkle Haar!
Sieh hier gekrönt mit Laub der Zedern Schaft,
Denn Kronen sind das Erbe ja der Kraft!

Er sprach: Den Unstern packt beim Zopf der Held,
Juchhei! und schlendert ihn hinab aufs Feld,
Daß er in Splitter stob, der Felsen klang!
Ein Splitter, ach, mir an den Schädel sprang!

Ich sprach: Wie strahlt in fürstlich reicher Pracht
Der Mond als Kronendiadem der Nacht!
Das Haupt der Rose schaukelt eine Kron'!
Denn Kronen sind der Schönheit Siegeslohn.

Er sprach: Frei ist das Land! Nur manchesmal
Mahnt mich der Krone dieser Narbe Qual,
Der Kron', die weit jetzt überm Meeresraum
Fortblüht, für uns ein fremder Auslandsbaum!

Ich sprach: Sieh hier, von Blütenfüll' umdrängt,
Den Tulpenbaum, mit Kronen ganz behängt,
Dastehn als Christbaum für ein Königskind,
Da Kronen ja Geschenk der Liebe sind!

Er sprach: Des Volkes hoher Geist wird sein
Der schöne Herbst mit klarem Sonnenschein,
Der einst hinweg, wie welke Blumen, rafft
Die letzte Krone manchem stolzen Schaft!

Ich sprach: Die Liebe kommt als Frühling drauf
Und weckt vom Winterschlaf die Blumen auf
Und bringt zurück die Blüten jedem Schaft,
Die Kronen auch der Schönheit und der Kraft!

So sprachen wir, indes der Liebsten Haupt
Längst meiner Blumen Krone reich umlaubt,
Die arge Kron', gen die der Vater focht,
Die schöne Kron', die der Geliebte flocht!

Noch glüht die alte Wund' im Schmerzenbrand!
Vor dem Rebellen doch, dem greisen, stand
Sein Kind, gekrönt als Kön'gin, zu empfahn
Die Huldigung vom treusten Untertan.

6.

Dort im zweitausendjähr'gen Schilderhause
Vorm Tor Pompejis lehnt ein morsch Gerippe;
Den Speer hält noch die Knochenfaust! Welch grause,
Mißlungne Posse auf des Todes Lippe!

In der Livrei bourbon'scher Lilien schreitet
Dabei ein neuer Wächter auf und nieder;
Des Römers Sanduhr, den er ablöst, gleitet
Auch ihm und mißt des trägen Tages Glieder.

Und zu dem knöchernen Kamraden spricht er:
»Ob sie dich all' auch Bild der Treue nennen,
Ich kann in dir, du Armer, den Berichter
Von tausendjähr'gem Narrentum nur kennen.

Ei, meintest du die Vaterstadt zu schirmen?
Die Katapulte des Vesuvs zu hemmen?
Die Glutgeschwader, die, den Wall zu stürmen
Er niederbrausen ließ, zurück zu dämmen?

Auch ich bin einst in Waffen schon gestanden,
Der Freiheit Banner rauschte auf mich nieder!
Durch der Abruzzen grüne Tale wanden
Wie weiße Mauern sich der Deutschen Glieder.

Als Wall des Vaterlands den Kugeln allen
Wollt' ich die freie Brust entgegentragen,
Ei, hätte nur in nahen Waldeshallen
Nicht eine Nachtigall so schön geschlagen!

In ihre Reihn, hoch in der Faust den Degen,
War' ich gestürzt, von Todesmut entglühet,
Ei, hätte nur hart neben meinen Wegen
Nicht eine Rose gar so schön geblühet!

Die Trommeln wirbeln, und die Fahnen wehen:
Ja herrlich ist's, im Feld des Ruhms zu sinken!
Ei, hätt' ich nur die Traube nicht gesehen
So schön und voll an grüner Hecke winken!

Das Leben ist das Schönste doch im Leben!
Drum rett' ich dir, Italia, das meine!
Und sieh, auch dankbar sind die lieben Reben,

Die Nachtigallen und die Rosenhaine!«

Er sprach's, doch hält den Speer noch ohne Wanken
Der tausendjähr'ge Wächter ihm entgegen!
So ein Geripp' mag eigene Gedanken
Von Reben, Rosen, Nachtigallen hegen.

7.

Ist heut' der Ent' und Welschhuhns jüngster Tag,
Daß rings ihr Krächzen schreit aus Hof und Hag?
Der Pflanzer rückt zur Wachtparad' von Haus
Und rupft sich einen Federbusch erst aus!

Der Festtag ist's der Unabhängigkeit!
Vor Pittsburgs Toren stehn ins Glied gereiht
Des Pflugs, der Werkstatt Söhne, kriegrisch bunt,
Der Glatzkopf hier, dort Jüngling Rosenmund!

Kopfschüttelnd wallt der Hauptmann durch die Reihn
Durch Weiß und Kupferfarb' und Groß und Klein!
Die Jacke hier, daneben der Talar,
Perückenhaupt und wehend Lockenhaar!

Daß Gott erbarm'! Ei, Nachbar lieb und wert,
Ihr tragt ein gar zu rostig, schartig Schwert!
»Bei Saratoga trug's mein Vater schon,
Den Pfirsichbaum stutzt jetzt damit der Sohn!

So trägt es stolz, von Sieg und Lenz erwählt,
Des Kriegs und Friedens Scharten schön vermählt,
Wie auf des wahren Helden Angesicht
Der Schlacht und Schenke Narb' in eins sich flicht!«

He, Freund, dein Helmbusch spielt gar seltnen Glanz!
Ich mein', er wuchs auf eines Hahnen Schwanz!
»Ei, ist der Hahn mir doch kein übler Bot',
Sein Ruf und Flügelschlag bringt Morgenrot!«

Den Bauch zurück, Gevatter, wenn du's kannst!
Die ganze schöne Front verdirbt dein Wanst!
»Er ist nur eine Festung mehr dem Land!

Verteid'gen soll sie mannlich meine Hand!«

Der trägt die Whiskyflasche angeschnallt,
Wie das Osagenweib ihr Kind im Wald!
»Wohl eines schönen Kornfelds guter Geist
Wohnt drin, der mich der Heimat denken heißt!«

He, Flügelmann, dein Zopf erschreckt mich fast,
Steif und gespenstisch, wie ein kahler Ast!
»Und ist's ein Ast, hüpft wohl ein Vöglein drauf
Und spielt ein hübsches Lied von Freiheit auf!«

Heda, wes ist das Füllen, das dort läuft,
Und an des Fähnrichs brauner Stute säuft?
»Zürnt nicht! Wer wäre doch so schlimm gesinnt,
Zu trennen gar die Mutter von dem Kind!«

Die weiße Schärpe, Alter, läßt dir fein,
Doch paßt sie wirklich nicht in Glied und Reihn!
»Des Kindleins Bahrtuch ist's, das mir erblich,
Und mahnt geweihter, heil'ger Erde mich!«

Der Regenbogen, der doch farbenreich,
Ganz farblos, Kinder, ist er gegen euch!
»Zwängt, Vater, nicht den Leib in spröde Norm,
Sind unsre Herzen doch in Uniform!«

Zerfetzt ist das Panier, drum ihr euch reiht!
Zu Mess' und Predigt kein Kaplan bereit!
»Fahn ist ja jeder Baum im Vaterland,
Gott selbst hat ihm gestickt das Fahnenband!

In unsichtbarer Priesterhand erhöht,
Schwebt hoch, vom blauen Baldachin umweht,
Die Sonne durch der Wolken Opferduft,
Der Lieb' und Freiheit Hostie, in der Luft.«

8.

Dort läßt sich's am Triumphtor, das erschlossen
Pompejis Forum einst den Siegeswagen,
Ein brauner Lazarone, hingegossen,

Wie die Philosophei im Staub, behagen!

Am Marmorblock, drauf mocht' ein Gott einst glänzen,
Stützt er sein Haupt, traun, ein' seltne Vase!
Ein Lorbeerbaum umweht's mit Schattenkränzen
Und streut ihm seine Blätter auf die Nase.

Der Tag ist lang, und so geschieht's zuzeiten,
Daß ihn beschleichen mancherlei Gedanken,
Die um den alten Stein wie Moos sich breiten,
Hinan des Lorbeers Schaft wie Efeu ranken:

»Ich seh' im Lavapflaster dieser Straße
Das Gleis noch von des Triumphators Wagen,
So frisch, als sei er noch nicht fern die Gasse;
Vielleicht gelingt mir's noch, ihn zu erjagen.

Ein Wörtlein, das ich ihm zu sagen hätte,
Treibt mich ihm nach! Doch nein! Wozu soll's frommen?
Wozu aufstehn von so bequemem Bette?
Will er's just wissen, mag er selber kommen!

Ich spräche: Freund, wozu dein großes Wagen?
Auf daß ein Siegeslied dir sei gesungen!
Wie schad', die schönen Ross' in Schweiß zu jagen,
Wie schade um des Volkes gute Lungen!

Wozu so viele Weg' im Weltenraume?
Daß dir den Lorbeer reichen deine Brüder?
Sieh, Freund, freiwillig senkt in diesem Baume
Der Himmel selbst den Lorbeer auf mich nieder!

Wozu dein Krieg, da's keinem eingefallen
Zu stehlen uns dies blaue Meer, die Reben,
Den schönen Himmel, Rosen, Nachtigallen?
Was sonst ist wert, drum Schwert und Schild zu heben?

Der Festen Fall, die Siege deiner Heere
Bebürden dich mit Pflicht zu neuen Siegen:
Mir gibt die Last, die früh ich trug zum Meere,
Tagüber frei im Sonnenglanz zu liegen!

Wozu dein Prunkpalast? Was ist's vonnöten,
Sich zu vermauern diesen schönen Himmel!

Lustwandeln gehn heißt nur dem Herrn zertreten
Den Rasen und der Blumen bunt Gewimmel.

Wozu auf der Orangen Bäume klettern?
Sie werden reif selbst in den Schoß dir fallen!
Was soll im Rosendorn die Nase blättern?
Dem Duft liegt selber dran, zu ihr zu wallen!

Der Stein und ich sind Freunde und Vermählte,
Untrennbar liegend Tag und Nacht beisammen;
Er gibt vom Überfluß mir seiner Kälte,
Ich ihm vom Überflusse meiner Flammen!

Wie wär's behaglich, ewig hier zu liegen,
Wenn über mir der Vögel Flüge jagen,
Das Land sich wiegt, Vesuvs Rauchwolken fliegen,
Und Goldgewölke ziehn und Sonnenwagen!

Und vor mir dieses Meer mit weißen Segeln!
Herr, gut ist's, daß du gabst Bewegung allen,
Und daß nicht ich den Wolken, Wellen, Vögeln
Nacheilen muß, nein, daß sie zu mir wallen!

Gut ist's, daß diese Deutschen, Russen, Briten
An mir vorüber selber stolpernd schnaufen,
Und daß nicht ich zu ihren fernen Hütten
Nach England, Deutschland, Rußland mußte laufen!

Seht meinen König dort vorüberfahren,
Die Goldkaross' am Sechsgespann von Falben!
Ich lieg' im Staub und kann mir's so ersparen
In Staub zu werfen mich um seinethalben!

Hier ruh' ich sanft, wenn mich auch Regen näßte;
Ihr kennt nicht Trockenwerdens Wohlbehagen!
Hier lieg' ich, bis ich einst zur ew'gen Sieste
Nicht selbst geh', nein, gottlob! mich andre tragen!

Den Sonntagsgang zur Kirch' auch könnt' ich sparen,
Denn sieh an mir vorbei die Priester wallen
Mit Fahn' und Kreuz und Zügen frommer Scharen;
Etwas vom Segen muß auf mich auch fallen!

Wenn hoch in meiner Hand nach Landessitten

Mir überm Haupt die Makkaronen schweben,
Mein Freund, da muß empor sich unbestritten
Das Auge selber auch zum Himmel heben.

Wenn abends in des Meeres Spiegelbade
Zu Füßen mir sich Mond und Sterne wiegen,
Da dünkt mich's wohl, es sei in seiner Gnade
Der Himmel selbst zu mir herabgestiegen.

Empfängt mein Fürst so glänzende Vasallen,
Wie sie als Sterne, Wellen, Wolkenmassen,
Als Menschen, Blumen, Vögel zu mir wallen,
Bis abends ich in Hulden sie entlassen?

Was auf der Erde Oberfläche prunkte,
Im Kreislauf muß vorbei es glänzend jagen,
Indes ich, gleich der Erde Mittelpunkte,
In Ruhe lieg' und ewigem Behagen.

Und wenn ich eines doch mir wünschen sollte,
So wollt' ich, Makkaronen wären Schlangen
Und kämen, statt daß ich bisher sie holte,
Hinfüro selber doch zu mir gegangen!«

So knüpft der dunkle Pfad in Enkeltagen
Sich an des Ahnherrn Gleis, das glanzerhellte,
Dem Sklaven gleich, der sich am Siegeswagen
Einst hinter Roms Triumphatoren stellte.

Mit einer Kron' in Gold und Demantschimmer
Spielt seine Hand, ihn selbst darf sie nicht krönen.
Dem trunknen Sieger ruft er zu: Denk immer,
Daß du ein Mensch nur, Sohn von Staubessöhnen!

So dieser auch. Ob aus dem schönen Baume
Ihm zu ein Flüstern die Gedanken rauschte?
Ob in der Lorbeerwipfel Schattenraume
Der Geist des alten Triumphators lauschte?

Ich aber möcht' ungern den Anblick missen
Des Lorbeers, um dies braune Haupt sich wiegend,
Des Kleids, von einem Herzen warm, zerrissen
Sich an die kalte Pracht des Marmors schmiegend.

Es wogt ein Schiff auf ferner Meeresbahn,
Sein Bild, der Nautilus, schifft nebenan,
Bläht auch sein Segel, – doch kein Sturm zersprengt's!
Lenkt auch sein Schifflein, – doch kein Riff bedrängt's!

Ums Schiff Delphine gaukeln, nah und fern,
Wie treue Hund' am Wagen ihres Herrn;
Sie blasen lustig aufwärts Well' auf Well',
Des grünen Meeresgartens Springequell.

Wo steuert hin das Schiff im Wogentanz?
Mit Menschenfracht ist's überladen ganz!
Auswandrer sind's, die fern an Westens Strand
Jetzt suchen, was sie fliehn: ein Vaterland!

Sieh, da begab sich's, daß ein fremdes Weib
Von süßer Bürd' erleichtert fühlt den Leib,
Ein Kind gebärend in des Schiffes Raum,
In Meeres Mitt' ein fruchtbehängter Baum.

Der Kapitän, die Hände fromm erhöht,
Spricht ihm als Priester Segen und Gebet;
Ist eines Sonnenstrahles stiller Flug
Ins Menschenherz nicht Priesterweih' genug?

Es schöpft des Meeres Welle seine Hand
Und netzt dem Kind der heitren Stirne Rand.
»O Sohn des Meers, des Lebens wahrer Sohn!
Dich weiht's als Kind in seine Rätsel schon.

Sieh, dich gebar in Wind und Wellenreich
Dein Mütterlein, dem Sturmesvogel gleich,
Der unterm Flügel, hoch ob weiter Flut,
Im Flug ausbrütet seine junge Brut!

Nicht Spannen Erde nennst du Vaterland,
Die Scholl' ist nicht des Menschen Heimatstrand!
Dein erstes Lebensbild ist Well' und Wind,
Wie einst wohl auch dein letztes: Well' und Wind!

Die Riff' als Paten in dein Wieglein sehn,
Der Sturm läßt drüber seine Locken wehn,
Das Meer als Amme wiegt's und singt zu Zeit
Das alte Weltlied: Unbeständigkeit!

So werden Wetterlaun' und Sturmesschein
Dir einst nur Märchen deiner Kindheit sein!
Ob's oben tobt, du wahrst dir, wie die Flut,
Die Perle, die in deiner Tiefe ruht.

Ihr andern, alte Kinder alter Welt,
Für euch auch ist das Weltmeer aufgestellt,
Das Becken eurer Taufe soll es sein,
Drin wascht euch von der alten Erbsünd' rein!

Knüpft auf den alten Hochmut an den Mast!
Den alten Knechtsinn rasch kielholen laßt!
Den Haß und Neid, Habsucht und Glaubenswut,
Senkt tief den alten Plunder in die Flut!«

Und horch, da tönen Glocken fern im West,
Wohl ziemt ja Glockenläuten solchem Fest!
Sieh, Schmetterlinge schaukeln sich im Raum,
Wie Blüten, losgeweht vom Frühlingsbaum!

Es wiegt als Kranz sich sanft zum Angebind'
Der Glocken Klang, der Falter Glanz ums Kind;
Zugleich erschallt vom hohen Mastkorb da
Der Jubelruf: Land! Land! Amerika!

Da stürmen all' in Hast aufs Deck hinan,
Das Aug' will früher landen als der Kahn,
Es forscht und frägt den fernen, blauen Strand:
Was bringst du mir, du meiner Sehnsucht Land?

Der, dem die Heimat ein Stück Brot verwehrt,
Meint Fruchtbaumgärten, Felder, saatbeschwert,
Geräum'ge Keller zwischen Rebenhöhn
Und ries'ge Speicher voll des Korns zu sehn!

Der dort, dem Pfaffenwut vergällt sein Land,
Ahnt ein gigantisch Pantheon am Strand,
Das aufgetan zu jener Eifrer Spott

Den Göttern allen in dem einen Gott!

Und jener, dem blutrünstig noch die Hand
Von Ketten, die er trug im Vaterland,
Will dort der Freiheit Siegesbogen sehn,
Rings freies Volk mit Lied und Tanz sich drehn!

Greis, der geflüchtet über Meeresflut
Sein Restchen Leben, dieses winz'ge Gut,
Du ahnst dort Waldesstille blütenvoll,
Drauf bald ein Hügel sich erheben soll.

O Weib, du siehst ein Häuschen schimmernd weiß,
Darin einst walten soll dein stiller Fleiß,
Du hebst dein Kind, wie Mosen Nebos Höhn,
Von ferne der Verheißung Land zu sehn!

Wohl ist's noch fern! Ein schmales blaues Band
Liegt's auf des Horizontes weitem Rand;
Ein blauer Strich nur steigt daraus hervor.
Ragt Obelisk, Turm oder Säul' empor?

Jetzt sind sie nah! Ein Baum ist's nur. Es steigt
Einsam sein Riesenschaft; hoch oben zweigt
Ein Dom von Laub, als sei gestellt hinauf
Ein Tempel auf des Obelisken Knauf!

Mauritia ist's, die Palm', im lauen Wind
Des Wipfels grüne Fächer wiegend lind,
Die Krone säuselt auf den luft'gen Höhn,
Wie Menschenwort, harmonisches Getön.

»Willkommen, Fremdling! Sprich, was tut dir not?
Verlangst du Brot, sieh, meine Frucht ist Brot,
Und dürstet dich, trinke meinen Palmenwein,
Ich will dein Acker, Quell und Weinberg sein!

Bist nackt du, web' ein Kleid aus meinem Bast,
Und schläfert dich, ruh' unter mir, mein Gast,
Mein Schatten wirkt dir Decken leicht und nett,
Ich will dir Wollenherde sein und Bett!

Willst beten du, wölb' ich dir grünen Dom,
Und willst du schaun auf Land und Meeresstrom,

Von meinen Höhn siehst du's in Fried' und Sturm!
Ich will dir Kirche sein und Wart' und Turm!

Sieh hier wildfreie Söhne der Natur!
Ich bin ihr Reich, ihr Haus und ihre Flur.
Auf Wieg' und Brautbett senk' ich Palmenreis,
Ihr Sterblied säus'l ich einst als Glocke leis.

Schwämmst du als Diogen' im Fasse her,
Rasch schwing ans Land den Fuß! Doch stoß ins Meer
Dein Faß zurücke mit dem andern Fuß!
Denn deine Tonne selbst ist Überfluß.«

10.

Im Zirkus dort, ob einer dunklen Zelle
Verfallnem Tor, winkt aus der Quadern Rissen
Ein Blütenstrauch, gerankt gar fröhlich helle,
Wie einer Schenke Kranz mit lust'gem Grüßen!

Wir treten ein! Nicht müht um seine Gäste
Der Wirt, der hagre, sich in diesen Räumen;
In einer Ecke hält er ruhig Sieste,
Die tausendjähr'gen Träume auszuträumen.

Seht auf den Polstern tausendjähr'ger Laven,
Die einst geprunkt in Purpurs Königsfarbe,
Gekauert das Geripp' des Fechtersklaven,
Verwischt selbst seiner Stirne Siegesnarbe!

Er träumt vielleicht noch fort die dunkle Kunde
Vom Spartakus, der Knechtschaft Ahasvere,
Des bleich Gespenst noch wandelt seine Runde,
Erneuend stets die alte, blut'ge Mähre!

Er träumt von der Arena Bahn und Stufen,
Vom Siegeskranze, der ihm zugeflogen;
Fast schüttelte des Volkes Beifallrufen
Die Sterne noch dazu vom Himmelsbogen!

Wohl dünkt die bandumwundne Blumenkrone
Ihm ein verschönert Nachbild nur des Strickes,

Den er als Zeichen seiner Knechtschaftsfrone
Einst trug als grausen Kranzreif des Genickes!

Ein Wort durchschlängelt dort den Stein der Wände
»Libertas« heißt's und flammt wie irre Blitze;
Wohl ritzten's ins Gestein der Sklaven Hände
Einst statt des Griffels mit des Kampfdolchs Spitze.

Noch ist die fahle Stirn' dahin gerichtet,
Noch ist das hohle Aug' dahin gewendet,
Wie nach dem Sterne, der sein Dunkel lichtet,
Wie nach der Sonne, deren Glanz ihn blendet.

Wie aus dem Becher Weins, des guten, alten,
Die Sehnen Kraft und Mut die Herzen saugen,
So tränkt' aus jenem Wort, sie wach zu halten,
Mit Licht für lange Nächt' er seine Augen.

Du schöner Strauch vorm Tor, den fremden Gästen
Log nicht dein Zeiger, der gewinkt zum Weine!
Ja hier ist Wein! Und zwar vom stärksten, besten!
Hier wird geschenkt der Tausendjähr'ge, Reine!

Ihr aber, Franken und Germanen, Briten
Und sonst all dieser Trümmerwelt Nomaden,
Laßt einzutreten euch nicht lange bitten!
Ein Schlückchen im Vorbeigehn wird nicht schaden.

11.

Der Appalachen Wellenberge lohn
Im Abendrote, während Glockenton
Zum Feierabend durch die Pflanzung hallt,
Und mählich still es wird im dunklen Wald.

Der Specht, Urwalds Kapellenmeister, pickt
Nicht mehr den Takt, er weiß, daß ihm's nicht glückt
Zu stimmen in des Einklangs Melodei
Des Käuzchens Pfiff, des Papageien Schrei.

Im Schatten einer Sykomore sitzt
Am räum'gen Tisch, aus Acajou geschnitzt,

Der Pflanzer, dem aus Kannen silberblank
Entgegenqualmt des Teebaums duft'ger Trank.

Geschmiegt an ihn der ros'gen Kinder Schar,
Die ihm die schlanke Lieblings-Skwa gebar,
Umblüht verschönend seine rauhe Kraft,
Wie Nikisranken blühn am Zedernschaft.

Welch Segensfeld liegt vor mir aufgetan!
Sein weißes Wohnhaus blinkt im Wiesenplan,
Das Maisfeld rauscht, die Baumwollstaude weht,
Das Zuckerrohr in hellen Blüten steht.

Wie eine Opferschale, feierlich,
Hält er die volle Tasse jetzt vor sich,
Und der Begeistrung stiller Glanz umflicht
Fast priesterlich sein strenges Angesicht:

»Heil China dir! Durch ferne Meere weit
Eilt jetzt mein Dank zurück in ferne Zeit
Und sucht den Mann, der dieses heil'ge Kraut,
Den Nektar unsrer Freiheit, einst gebaut!

Als er noch schritt an des Hoangho Strand,
Und still die Saat entsunken seiner Hand,
Wohl hat kein Ahnen dessen ihn umweht,
Daß eines Weltteils Freiheit er gesät!

Hoch vom Pagodenturm der Mandarin
Schaut übers Land und streicht sich froh das Kinn!
Der Teebaum säuselt so geheimnisvoll,
Als ob er mehr als Blüten tragen soll.

Ob sein Vasall es leise nur erriet,
Als er dies Kraut auf glühem Roste briet,
Daß Sankt Laurenzens Rost er schürt und facht,
Der einst als Blutzeug' unsres Worts erwacht?

Der Arzt, des Forschergeist aus diesem Kraut
Dem Siechen wunderkräft'gen Trank gebraut,
Er wußt' es doch nicht, der gelahrte Mann,
Wie daß sein Kraut auch Ketten sprengen kann!

Der Brite, der einst mit dem dunklen Kraut

Voll seines Segelschiffes Bauch gestaut,
Nicht wußt' er's, daß die Rach' er führt' als Gast,
Und daß die Freiheit schwebt' ob seinem Mast!

Hat jemals, Boston, es dein Meer geträumt,
Daß es ein Fruchtfeld einst voll Saaten keimt?
Daß seinem Schoß dereinst entsteigen soll
Der Baum der Freiheit, groß und blütenvoll?

O Kinder, haltet fest an Recht und Licht!
Aus Rosen selbst der Dorn der Rache sticht!
Es sät der Mensch, doch ob den Saaten wacht
Still eine dunkle, rätselvolle Macht.«

So sprach der Mann und strich sich froh das Kinn;
Geheimnisflüsternd rauscht die Saat dahin,
Und hinter ihm blickt aus dem Zuckerrohr
Ein krauses, dunkles Negerhaupt empor.

12.

Schuttfreie Lampe, sieh, wie dich mit Funkeln
Des Lichtes, deines Vaters Augen grüßen,
Seit dich aus tausendjähr'gem Kerkerdunkeln
Die Schaufel seiner Feindin Nacht entrissen!

Erfüllt hast du den Lichtberuf, den edeln,
Noch kündet's deiner Mündung Kohlenfarbe;
Sie steht dir gut, wie bleichen Kriegerschädeln
Des alten Schlachtfelds tiefe Ehrennarbe.

Ob einst dein Licht am Bett der Liebe blinkte?
Da warst du in der Nächte Ozeane
Ein Schifflein, dem vom Borde fächelnd winkte
Zum Liebeshafen deine Flamm' als Fahne.

Ob einst dein Strahlenschrein vielleicht geschimmert
Als Phöbuswagen durch die Nacht des Weisen,
Des Herz, von Menschenelend tief bekümmert,
Nachforscht des Glückes lichten, sel'gen Gleisen?

Da warst das Frührot du, an dessen Wärme

Des Geistes Wärme blühend aufgegangen,
Um dessen Strahlenkern, wie Lerchenschwärme,
Gedanken ihre jungen Flügel schwangen.

Die Rosen werden Kränze, die auf Erden
Der alten Götter Tempel reich umschlingen;
Die Lerchen aber, Flügelbarden, werden
Der alten Götter Preis am Himmel singen.

So sann und nickt' einst ein am Tisch von Steine
Des Weisen Haupt, als wenn's noch prüfen werde,
Ob selbst es nun, ob jener kälter scheine?
Noch rollt, des alten Elends voll, die Erde!

Ein andrer kam; und wieder, Lampe, zittert
Dein Strahlenschrein am Tische eines Weisen,
Des Herz, von Menschenelend tief erschüttert,
Nachforscht des Glückes lichten, sel'gen Gleisen.

Da warst du eines Scheiterhaufens Lohe,
Drein warf die alten, heitren Götter alle,
Wie dürres Reisig, der Zerstörungsfrohe,
Daß ganz in Staub und Asch' ihr Glanz zerfalle.

Und lächelnd schaut' ins Prasseln er der Flamme,
Bis einst er selbst am grausen Opferherde
Hinglitt, wie dürres Reis vom Lebensstamme!
Fortrollt, des alten Elends voll, die Erde!

Ein andrer kam; und wieder, Lampe, schimmert
Hehr dein Gedankenpharus einem Weisen
Des Herz, vom Menschenelend tief bekümmert,
Nachforscht des Glückes lichten, sel'gen Gleisen.

Da wardst die Glorie du, von der umfangen
Glanzvoll vor ihm das Christuskreuz jetzt ragte,
In deren Strahl versunkne Gräber sprangen,
Und weithin das Gefild der Zeiten tagte!

Sein Antlitz blieb, nun sich das Aug' geschlossen,
Als ob der Tod ihm zur Verklärung werde,
Von einer lichten Glorie selbst umflossen!
Noch rollt, des alten Elends voll, die Erde!

Die Lampe steht, Pompejis Schutt entstiegen,
Jetzt wieder auf dem Tische eines Weisen,
Des Geist aus des Papyrus welken Zügen
Nachschleicht der Ahnen fernen, lichten Gleisen.

Ein Lenz, zweitausend Jahr' im Grab vergessen,
Als ries'ger Rosenphönix leuchtend, schreitet
Aus des Papyrus Kohlen ihm, – indessen
Sein eigner Lenz vorm Tor vorübergleitet!

Mann, füll' mit Öl die Lampe, daß sie heiter
Zum Tempeldienst des Lichts entzündet werde,
Und sinne du das alte Rätsel weiter!
Noch rollt, des alten Elends voll, die Erde.

13.

Im Saalgewölb' des Urwalds ruhn im Kreis
Viel kräft'ge Männer, manch ein ernster Greis,
Der Weißen Abgesandte friedlich bei
Indianern, Waldessöhnen, stark und frei.

Die Friedenspfeife kreist nach altem Brauch,
Der Männer Friedenswort' umhüllt ihr Rauch,
Wie über Frühlings schönstem Rosenbeet
In stillem Flug ein Morgenwölkchen steht.

Zum Bund des Friedens sind sie hier vereint,
Schon rann genug des Blutes ja, schon scheint
Belegt des grünen Saales Boden fast
Mit roten Prunktapeten von Damast.

Ein Häuptling sprach: »Nach Vätersitte macht
Aus Erd' und Laub das Grab dem Beil der Schlacht,
Das manchen unsrer weißen Brüder traf!
Drin schlaf' es, ungeweckt, nun ew'gen Schlaf!«

Ein andrer drauf: »Das Laub verträgt der Wind,
Die Erd' aufwühlt des Waldes Tier geschwind!
Drum soll des Kampfes Beil geborgen sein,
Grabt's unter Wurzeln einer Zeder ein.«

Ein andrer drauf: »An Wurzeln nagt der Wurm,
Zu Boden schleudert Zedern selbst der Sturm!
Drum, soll zutag des Unheils Beil nicht mehr,
Wälzt jenen Berg als Grabstein drüberher!«

Ein andrer drauf: »Sogar des Berges Bauch
Durchwühlt der Schacht des weißen Bergmanns auch!
Drum, soll fortan es ew'ger Friede sein,
Senkt in den Strom des Hasses Beil hinein!«

Ein andrer drauf: »Aus tiefster Stromesnacht
Wird's von des Fischers Netz zutag' gebracht!
Drum, daß es weltverheerend nie ersteh',
Senkt's mitten in des Weltmeers großen See!«

Ein Greis darauf: »Dies Beil von Holz und Erz
O laßt's am Tag! Doch greift in euer Herz!
Drin liegt das Schlachtbeil, das vielleicht schon jetzt
Von euch manch einer frisch zum Kampfe wetzt!

Das Herz ist tiefer als Gebirg' und Seen,
Und doch wird draus das Beil zutag' erstehn!
Bis eine Handvoll Erd' einst, drauf gestreut,
Es besser birgt als Meer und Berge heut!«

So sprachen sie, indes im Waldesraum
Still über ihren Häuptern jeder Baum
In rauhen, braunen Armen, windumspielt,
Den grünen Zweig des ew'gen Friedens hielt.

14.

Den Golf hinaus, fort von Pompejis Küsten
Wogt eines Schiffes majestät'scher Bau;
Die Segel, die vom Abendwind geküßten,
Blähn lustig sich, es knarrt in Mast und Tau!

Und, horch! Kanonendonner lauthin knallen –
Dein Abschiedsgruß, o Cincinnatus, klingt,
Daß, aufgeschreckt, die Schar der Nachtigallen
Von Maros Grab sich, ängstlich flatternd, schwingt!

Wie rauh, o Mensch, ist selbst dein Gruß der Liebe:
Preßt deine Hand des Freundes Hand in sich,
Scheint's fast, als ob es dich zu sprechen triebe:
Freund, fühle meine Kraft, und wahre dich!

Der Sohn Amerikas, gekreuzt die Hände,
Lehnt still am Hauptmast an des Schiffes Bord,
Sein Aug' durchschweift im Flug des Golfs Gelände,
Winkt hier ein Lebewohl, nickt Grüße dort:

»Leb' wohl, Europa! Daß dein Aug' sich helle,
Du Niobe, verschönt vom Riesenschmerz!
Gleich ihrer ist auch deiner Leiden Quelle
Dein Reichtum, den du liebend drückst ans Herz!

Gegrüßt, Amerika, du jüngre Schwester!
O nimm des Schmerzes Kinder mild von ihr,
Leg' an dein Herz sie, daß der Schmerzen größter
In seiner Fülle Heilung trink aus dir!

Schlingt Hand in Hand, laßt Haupt am Haupte lehnen,
Ihr Schwestern, euch zu Füßen Meeresglanz!
Es stehn die Kronen, die Europa krönen,
Gut an Amerikas laubgrünem Kranz!

Wie bunt und herrlich rauscht dein Wald, o Leben!
Und sieh, doch ist's nur eine Lebenskraft,
Die graue Moose heißt am Boden kleben
Und Palm' und Zeder in die Wolken rafft.

Die blühnden Lotos wiegt im Wellenschaume,
Der Rosen Purpurkleider taucht in Duft,
Die Reben lehrt den Flug von Baum zu Baume,
Den Kaktus keilt in starre Felsenkluft!

Wie reich, o Menschengeist, dein Garten glühte,
Nur eine Kraft ist's, die zum Keim dich drängt,
Und Krone, Lyra, Hirtenstab als Blüte,
– Ach, auch das Schwert! – an deinen Baum gehängt!

Und diese Blüten sind zum Kranze worden,
Der bunt sich um der Zeiten Harfe schlingt,
Die bebend in den ewigen Akkorden

Der Menschheit Schmerz, der Menschheit Jubel klingt!

Der alte Baum sieht, ewig grünend, nieder
Auf sein verwehtes Laub, das unten lauscht;
O Mensch, du sinkend Blatt, du sinkst auf Brüder
Und hörst's, wie dir schon nach ein Bruder rauscht!

Am Baum vorbei strömt, heut' noch voll, wie gestern,
Die Quelle, flüsternd, in das ew'ge Meer!
O Mensch, du flücht'ge Welle, eilst zu Schwestern,
Und hörst die andern eilen hinterher!

Die goldne Wolke, aufgelöst in Tränen,
Stürzt ihrer Mutter an das Herz, dem Meer!
Zugvögel flattern durch die Luft mit Sehnen,
Wie loses Laub vom Herbstbaum, irr umher!

Ein stiller Todesjubel weht im Raume
Wie Laubessäuseln, ach, nicht minder schön,
Als säh' ich lächelnd süß ein Kind im Traume
Bei ferner Morgenglocken Festgetön.

Stürz' als ein Niagara, schleiche leise
Als Sarno, gleit' ein Tröpflein Taus ins Meer,
Sieh, bald zerrinnen, die du schlägst, die Kreise,
Du wirst zur Well', und ruhig wird das Meer!

Sieh, Welle, allen Himmel glanzentglommen
Sich spiegelnd in dem Ozeane hier.
Da wird wohl auch auf dich ein Sternlein kommen,
Das spiegle heilig, rein und treu in dir.«

So um das blühnde Haupt des Jünglings schreiten
Gedanken, während lieblichen Getöns
Die Wellen rings, die regen, sie begleiten
Mit der Musik des Werdens und Vergehns.

Wie klein die Glut Vesuvs schon glimmt, die ferne!
Sie mengt als Stern sich in der Sterne Reihn,
Als ob der glühende Vernichter gerne
Sich hüllte in des Lichts und Segens Schein!

In Nacht längst des Gestades Lichter traten;
An Bord die Flagge selbst hat Nacht umstrickt,

Die Sternlein zweimal zwölf der Brüderstaaten,
Auf himmelblauen Grund in Gold gestickt.

Doch hat sich glanzvoll über ihr zur Stunde
Vereinter Sternenreiche Flagg' entrollt:
Auf dunklem himmelblauen Wappengrunde
Millionen Sterne, funkelnd all' in Gold!

Fünf Ostern.

1.

Im Orient, wo – wie aus blühndem Hage
Ein spielend Kinderpaar rotwangig grüßt –
Das heitre Märchen und die sinn'ge Sage
In Rosenwäldern zwischen Blumen sprießt,

Dort gibt manch rauher Hirte dir die Kunde:
Es walle Jesus Christus, ungesehn,
Zu Ostern jährlich um die Morgenstunde
Im Auferstehungskleid auf Ölbergs Höhn

Und seh' hinab nach seines Wandelns Tale,
Das ihm ein Kreuz und Leichentuch einst wies;
Wo Zion stolz geprangt im goldnen Strahle,
Granitnes Bollwerk, das sein Fluch zerblies!

Und Ostern war es einst; der Herr sah nieder
Zur kahlen Flur, verödet und ergraut,
Rings Trümmer, Asch' und Staub und Trümmer wieder
Und Schutt auf Schutt, soweit das Auge schaut!

Er weiß, es sind dies nur die wirren Schollen
Durchwühlten, neugepflügten Ackerlands,
Wo einst die Saatenwogen fluten sollen,
Und winden sich der goldne Garbenkranz!

Er sieht daraus den Baum der neuen Lehre
Mit tiefer Wurzel, ries'gem Säulenschaft
Sich steigend wölben über Land und Meere
Und weithin streuen Schatten, Früchte, Kraft!

Des Tods Triumphzug ging durch diese Gründe,
Rings keine Spur von eines Menschen Pfad,
Kein Vogel singt, es rauscht kein Blatt im Winde,
Es weht kein Halm, es grünet keine Saat.

Daß doppelt groß der Sieg des Todes rage,
Lebt spärlich hier noch eines Lebens Schein:
Es seufzt, wie eines Dichters Leichenklage,

Des Kedrons Quelle zischend durchs Gestein:

»Einst streckt' ich wohlbehaglich meine Glieder
Im Blütenpfühl, auf weichem Silberkies,
Bis von Morias alter Feste nieder
In meinen Schoß der Sturm die Trümmer stieß!

Nun ich den Leib von Stein an Steine trage,
Muß ich wohl ächzen laut vor Schmerz und Zorn;
Nun die Gelenk' an Trümmern wund ich schlage,
Ist, gleich als blut' er, jetzt so rot mein Born.

Mein Born, so klar einst, weisend noch als Spiegel
Der Kön'ge Burg, den Tempel gottverklärt,
Palastbesäte, wallumkränzte Hügel
Und auch ein Volk, einst solcher Fülle wert!

O daß sich am Gestein zu Scherben schlüge
Der Spiegel, dem einst solches ward zu schaun,
Auf daß dies Bild des Tods er nimmer trüge,
Dies Bild verdorrter Fluren, voll von Graun,

Der Fluren, die bluttrunken als Hyäne
Der Menschen Besten, Titus, würgend sahn!
Ob er auch abends da geweint die Träne:
Nicht sei des Guten heut' genug getan?

Ob, als er trümmerfroh sein Beil ließ schimmern,
Die Hand ihm niemals bebte, ahnungsvoll:
Daß seine Mutter Rom von Zions Trümmern
Gesteinigt einst, erschlagen werden soll?

Nicht ahnt' er's! Denn dem Meere der Verheerung
Geböt' er wohl zu zügeln sonst die Wut,
Statt daß er, ein Neptunus der Zerstörung,
Rings aufbeschwor zum Sturm der Wogen Flut!

Ha, wie des Gottesfluches Worte, liegen
Gestein und Leichen übers Tal gesät,
Darüber Romas Aar in Siegesflügen
Als Leichenrabe, schwarzen Fittichs, weht.

Hier lag sie einst, die Königin der Städte,
Der Hügel vier bedeckt' ihr Riesenleib,

Vier goldnen Pfosten gleich am Königsbette,
Drauf ruht im Sonnenkleid das hohe Weib.

Fruchtreiche Gärten, ihr zu Füßen, standen
Als Blumenvasen rings ums Bett gereiht,
Und neben ihr die Palmenhügel sandten
Ihr Kühlung zu aus Fächern, grün und breit.

Des goldnen Tempels Kuppel krönte glänzend
Als heil'ge Krone ihrer Stirne Saum:
Nur *eine* Kron', ein Königshaupt bekränzend!
Ein Tempel Gottes nur im Erdenraum!

Und ihre beiden lichten, schönen Augen:
Die Söhn' und Töchter waren's ihres Lands;
Wer mag den Preis der Zwei zu richten taugen?
Wer sagt es, welches glomm in schönrem Glanz?

Den edlen Bau der königlichen Glieder
Hielt ihr ein dreifach Bollwerk fest umspannt,
Gleichwie von Gold und Erz ein schimmernd Mieder,
Um das ich mich als Demantgürtel wand.

Da liegt sie nun, die größte aller Leichen!
Vom Haupt fiel ihr die Kron' und barst am Stein!
Der Quadern Trümmer rings, die fahlen, bleichen,
Sind ihres Leibs zerfallenes Gebein!

Die Gräber nur, die sie in Fels einst hieben,
Sie halten jetzt noch, wie seit Jahren schon;
Sie sind rings um dies große Grab geblieben,
Termitenhügel um den Libanon!

Und als der alte Bau zusammenkrachte,
Flog weit des Standes Wolke, riesengroß,
Daß grau die Flur jetzt, die so grün einst lachte,
Und grauen Schleier trägt das ärmste Moos!

Da floh des Volkes Rest, lebend'ge Leichen,
Tod ohne Tempel, Satzung, Vaterland!
Da sah ich Baum und Strauch weithin erbleichen
Und morsch aufs Antlitz sinken in den Sand!

Fort flogen da der Büsche Nachtigallen,

Die Vögel all', weit übers ferne Meer;
Nicht ziemt es ihrem freud'gen Lied, zu schallen,
Wo alles schweigt und trauert ringsumher.

Fort zogen da die Rosen auch nach ihnen,
Bis an das blaue Meer, das: Halt! gebot;
Da blühn sie, gaukelnd, nun die reichen, grünen
Gestad' entlang, ein Blumenmorgenrot.

Fort zogen auch die bunten Jahreszeiten;
Kein Lenz ist, wo nichts keimt, nichts grünt und glüht,
Es will kein Herbst die kahle Flur durchschreiten,
Denn kein Verwelken gibt's, wo nichts geblüht.

Fort alle Farben, fort auch alle Töne,
Und alles, alles Leben fortgedrängt!
Ich blieb allein zurück als eine Träne,
Die an dem Auge der Vernichtung hängt.«

2.

Und wieder Ostern war es einst, und wieder
Sah Christus von des Ölbergs Höhn zu Tal;
Auf alle Fluren sank der Lenz schon nieder,
Nur hier blieb alles wüst und grau und kahl.

Gleich wie die Schwalbe wohl die Brandesstelle
Des einst so schönen Hauses bang umschwebt
Und doch, ob mitverbrannt auch ihre Zelle,
Das neue Nestchen an die Trümmer klebt;

So wagte mählich an die Trümmerreste
Der Mensch sich wieder hier, und ins Gestein
Baut' er sich Hütten, Häuser und Paläste,
Bis er es wachsend sah zur Stadt gedeihn.

Und wie manch Samenkorn, manch Stäubchen Erde
Der Wind aufs öde Brandgemäuer weht,
Daß aus der Todesasche Leben werde,
Wenn Moos und Strauch darüber grünend steht;

So wollte hier der Mensch zum Gärtlein schmücken

Mit Erde reich'rer Fluren diesen Sand
Und trug ein Stücklein Lenzes auf dem Rücken
Ins öde Tal, daraus ihn Gott verbannt.

Wenn einer wallt am Kirchhof durch der Brüder
Zerfallne Leichen, Stein vorbei zu Stein,
Kalt rieselt der Gedank' ums Haupt ihm nieder:
Staub warbst du einst, Staub wirst du wieder sein!

Wenn diese Stadt ihr Auge wollte lenken
Auf Schutt und Trümmer rings, draus ihr Entstehn,
Sie müßte auch wie jener Wandrer deuten:
Du wardst aus Trümmern, wirst in Trümmer gehn!

Sie denkt es nicht! Denn, horch! von ihren Zinnen
Schallt freudighell der Glocken voller Klang.
Wer fröhlich singt, mag nicht des Sterbens sinnen,
Und Glocken sind der Städte Lied und Sang.

Dort um den Dom aus grauem Felsgesteine,
Drin in den Hallen, draußen im Gefild
Schart sich in Helm und Panzer die Gemeine
Kampfrüst'ger, eh'rner Männer, rauh und wild.

Wie all' die Speer' aufs Marmorpflaster klirren!
Wie mutig draußen wiehert Pferd an Pferd!
Und Panzer glänzen, farb'ge Banner schwirren,
An jeder Lende hängt ein rasselnd Schwert.

Ha, liegen sie im Krieg mit ihrem Gotte,
Daß sie in Erz umlagern rings sein Haus?
Ha, will den Himmel stürmen gar die Rotte
Daß sie zum Tempel zieht gewaffnet aus?

Doch nein! Wie sie in Demut plötzlich nieder
Beim Orgelklang auf ihre Knie saust!
Es beugt das Haupt sich und die stolzen Glieder,
Und reuig schlägt ans Herz die Eisenfaust.

Das Christuskreuz, das heil'ge seh ich ragen
Hoch von des Domes Kuppeln, licht und frei,
Die Männer auch es all' am Busen tragen!
O daß auch er ein Dom des Gottes sei!

Sie hefteten in Farben aller Arten
Das Kreuz auf ihre Kriegesmäntel sich,
Wie wandelnde, lebend'ge Kreuzstandarten,
Zur Huldigung gesenkt jetzt feierlich.

Wie am Altar, wo tausend Ampeln flimmern,
Der Priester jetzt das Brot des Opfers bricht,
Seh' rot von Blut ich seine Hände schimmern,
Und traun, mich dünkt's, von Christi Blut ist's nicht!

Wie er beim Sanctus schlug der Brust entgegen,
Da klang ein Panzer unterm Meßgewand,
Und statt des Weihbrunnsprengels dann beim Segen
Schwang fast sein Schwert er, das daneben stand.

Zunächst am Altar, andachtsvoll geneiget,
Im samtnen Betstuhl kniet ein Mann allein,
Vor allen schön, selbst schön, aufs Knie gebeuget,
Fürwahr, noch schöner müßt' er aufrecht sein!

Des Mann's Gebet gleicht seinen heim'schen Eichen,
Die, stolz sonst fühlend ihres Marks Gewalt,
In Demut doch die Wipfel niederstreichen,
Wenn Sturm, die Orgel Gottes, drüber hallt:

»Vollbracht ist's! – Ach, wie alles Menschenstreben!
Kein Stein, drum nicht schon kämpfte Menschenwut,
Kein Strauch, an dem nicht Menschentränen kleben,
Kein Stäubchen Land, an dem nicht Menschenblut!

Wir knien jetzt an dem Grab, auf das in Tränen
Die Christenheit längst hielt den Blick gebannt,
So wie die Sonnenblume, die mit Sehnen
Gen Aufgang hält das Angesicht gewandt.

Aus Blumen aller Zonen reich gewunden,
Ein Totenkranz, sich senkend auf dein Grab,
So sind die Lande all' in uns verbunden,
Sich beugend, Herr, zu deiner Gruft hinab.

Das Kreuz, in dieses Tal einst starrend nieder,
Der Schande, Schmach und Untat blut'ger Pfahl,
Auf Golgatha erhöhten jetzt wir's wieder,

Glanzvoll und hoch, des Sieges herrlich Mal!

Von aller Kön'ge Kronen, allen Fahnen,
In alles Land, von allen Bergen dar,
Auf allen Masten, allen Ozeanen
Strahlt glorreich jetzt, was einst ein Galgen war!

Sein Zeichen muß jetzt Heldenpanzer schmücken,
Auf Domen flammen, hoch in Glanz und Pracht,
Als schönster Schmuck am Frauenbusen nicken
Und siegreich rauschen im Panier der Schlacht!

Als wir erhöht dein Mal in jenen Räumen,
Erhöhten, ach, wir selbst uns nebenbei,
Wie Priester, wenn sie Kön'ge salben, träumen,
Daß ihrer Huld Geschenk die Krone sei.

Sie brachten mir den Purpur, mich zu kleiden!
Nicht färbte rot die Schnecke Sidons ihn;
Ob dreifach auch getaucht ins Blut der Heiden,
Doch bleicht er grau einst, wie dies Tal, dahin.

Sie kränzten mich mit blankem Kronenbande!
Ob dreifach auch durchglüht sein goldnes Laub
In jener Städt' und Hütten rotem Brande,
Doch fällt, wie dieser Schutt, sie einst zu Staub.

Nur eine Krone wird hier ewig glänzen
Und ewig leuchten überm Tale hier:
Sie ward geflochten einst aus Dornenkränzen!
Weh, daß die Kron' ich trage neben ihr!

Wohl hat kein Echo Gott dem Tal gegeben,
Daß Psalm und Glocke lautlos uns verklingt!
Des Opfers Rauch will nicht zum Himmel schweben;
Wie kommt's, daß kriechend er am Boden ringt?

Ha, seh' ich die Gemeine, die zum Feste
Statt grüner Palmen blut'ge Schwerter trug,
Da ahn' ich hier auch Kains Opferreste,
Der seinen Bruder argen Grimms erschlug.

Da ahn' ichs, rings von allen Stirnen grelle
Muß auch des Brudermörders Blutmal schrein!

Ach, wär' ich jener Pilger an der Schwelle
Und trüg' ein Herz, wie er, so still und rein!

Wer trug ihn über die Gebirgesheere?
Wer reicht an Schwindelstegen ihm die Hand?
Wer lehrt' ihn schwimmen durch die weiten Meere?
Der hohe Glaube war's, der ihn gesandt!

Und sänk' er in dem Meer, es trüg' die Welle
Doch seine Leiche an den heil'gen Strand!
Und stürb' im Wandern er, sein Antlitz helle
Hielt ihm der Glaube, liebend, hingewandt!

Sein Pilgerstab vernahm kein Menschenröcheln,
Es trank kein Blut sein härener Talar;
Wie Fittiche die heiße Stirn umfächeln,
So weht ihm linden Trost der Glaube dar.

O daß mir keine Kron' am Haupte glühte,
Gleich ihm nur Muschelschalen an dem Hut!
Leer sind die Muscheln, da ihm im Gemüte
Tiefinnen hell des Glaubens Perle ruht.

O läg' mein Haupt, wie seins am Schwellensteine,
In lichte Träume sterbend eingewiegt!
Die bleiche Lilie sinkt im Erdenhaine,
Der Glaube zu den Himmelssternen fliegt.«

3.

Und wieder Ostern war's, vom Ölberg wieder
Sah Christus in das Tal zur Stadt hinab:
Das Kreuz, gestürzt ist's von den Zinnen nieder,
Nur eins steht schüchtern noch ob seinem Grab.

Hoch von Moscheenkuppeln, Minareten
Prangt goldnen Strahls der Halbmond übers Land;
Der Ruf des Muezins gebeut zu beten,
Wo stolz einst Salomonis Tempel stand.

Dem Stein gilt's gleich, welch Zeichen man ihm wählte,
Ob er als Tempel, Dom, Moschee euch dien';

Vom Menschen lernt' er's ab, daß gleich ihm's gelte,
Tritt Mönch, Levite oder Derwisch ihn.

Der Moslim riß herab aus Himmelsfernen
Den Mond, zu schmücken seinen Erdenraum;
Der Christ hob von der Erde zu den Sternen
Sein Kreuz, gezimmert nur aus ird'schem Baum.

Zerstäubt, vermodert längst des Kreuzes Fechter.
Kein Psalm, kein Glockenklang in weiter Luft!
Nur Mönche blieben, hütend noch als Wächter,
Wie treue Doggen, ihres Herren Gruft.

Dies leere Grab, sie kauften es mit Golde,
Krambuden schlug der Heide drinnen auf;
Dem müden Pilger beut um schnöde Solde
Er Platz für seine beiden Knie' zu Kauf.

Der Ostern Fest ist's heut! Auf allen Bahnen
Ziehn fromme Christenpilger wohl heran,
Durch alle Lande reiche Karawanen
Und rüst'ge Schiff' auf aller Meere Plan?

Nein! Öd' und leer sind noch des Domes Hallen,
Darin zerstreut nur einzle Beter knien!
Vielleicht daß draußen noch vor'm Tor sie wallen?
Blick' um dich, Auge, wo die Wandrer ziehn?

Kein Pilger hier! Nur Beduinen jagen
Auf flinken Rossen durch das Heideland;
Kein Pilger dort! Die Christenschiffe tragen
Des Kaufherrn Gold und Ballen nur zum Strand.

Sieh dort bemoost vier Trümmerwände ragen,
Längst eingebrochen ist Gewölb' und Dach;
Ein Kirchlein Gottes war's in alten Tagen,
Jetzt stürzt es mählich seinen Bauherrn nach.

Es sprießen grüne Terebinthen drinnen,
Sie stehn die letzten, treuen Beter hier,
Es wölbt ihr Laub zu Kuppeln sich und Zinnen,
Es ragen ihre Stämm' als Säulenzier.

In ihrem Schatten ruht ein müder Waller,

Olivenfarbe trägt sein Angesicht,
Wahrzeichen trägt auch er der Pilger aller:
Den Stab und Staub, – doch Christi Zeichen nicht!

Er ist ein Körnlein jener Handvoll Samen,
Die einst der Sturm von diesem Boden hob
Und in die Länder säte aller Namen
Und weit hinaus in alle Winde stob!

Ein Jude ist's, ein Ast vom Wunderstamme,
Gefällt, zerschmettert längst, doch nicht verdorrt!
Des Markes Kern versengt von Blitzesflamme,
Des Wipfels Zweige grünend fort und fort!

Und wie ums Haupt beim Laubeswehn ihm schwanken
Bald Sonnenlichter, bald die Schatten dicht,
So gaukeln drin die Bilder und Gedanken,
Bald mitternächtig schwarz, bald sonnenlicht:

»Die Lerche steuert pilgernd in den Lüften
Dem Lenze nach und seiner Blütenspur;
Der Hirte wandert von enthalmten Triften
Zu frischem Weideplatz auf reichrer Flur.

Nicht, gleich der Lerche, folg' ich Frühlingsspuren,
Und doch wie sie, so wandr' ich fort und fort!
Nicht, gleich dem Hirten, such' ich schönre Fluren,
Und doch wie er bin ich bald hier, bald dort!

Der Hirsch, den ihr mit Hunden ließet hetzen,
Der rennt durch Busch' und Felder fort und fort;
Er rennt noch immer fort in scheuen Sätzen,
Wenn Treibers Hand und Rute längst verdorrt!

Ich säe nicht, ich pflüge keinen Boden,
Mich schreckt kein Hagel, denn ich ernte nicht.
Doch beut mir jedes Land von seinen Broten,
Und meinem Durste nie der Quell gebricht!

Des Nordens Eiche und des Südens Palme
Hat um das Haupt schon Schatten mir gestreut;
Der Wüste Sand, der Alpen duft'ge Halme,
Sie halten mir des Schlummers Bett bereit.

Ich wohn' in engen Gassen, dunklen Schlüften,
Wohin der Christ uns aus den Städten stieß;
Er ahnt es nicht, wie selbst in Drachenklüften
Des Weibes Kuß, des Kindes Lächeln süß!

Ich lerne keine von den Sprachen allen,
Nur meine trag' ich durch die ganze Welt;
Natur der Staare ist's, die Sprache lallen
Des Peinigers, der sie gefangen hält.

Mir blüht kein Vaterland. Die Brüder ringen
Durchs Leben sich, zerstreut, im Wandrerkleid!
Und doch sind wir ein Volk! In eins verschlingen
Gemeinsam Elend uns, gemeinsam Leid!

Vom Manne, der nicht sterben kann, die Sage
Lallt manch ein Christenkind, vom Ahasver.
Es wallt vorbei der Völker Sarkophage
Mein Volk, unsterblich, tränenlos, wie er!

Nicht weiß ich's, dämmern uns des Fluchs Gerichte,
Strahlt Segen uns aus der Geschicke Buch?
Aus unsrer Töchter schönem Angesichte
Les' ich sogar den leisen Hauch von Fluch!

Pflanzt in den Süd ein Reis von Nordens Tannen,
Wenn's nicht verdorrt, sprießt's doppelt grün und groß;
Wollt in den Nord ihr Südens Lorbeer bannen,
Erfriert er nicht, verkrüppelt doch sein Sproß.

In allen Zonen doch, Gepräg' aus Steine,
In Farb' und Bildung bleibt *mein* Antlitz gleich;
So heiß ist Südens Brand nicht, daß er's bräune,
So kalt kein Norden, daß er's tünche bleich!

Die Christen sahn's, da mocht' es ihnen dünken,
Es sei wohl eisenfest auch unser Leib,
Daß unser Blut ihr Schwert sie ließen trinken,
Uns niederdolchten Greis und Kind und Weib!

Die Christen sahn's und unsres Leibes Glieder
Hielt da wohl auch für feuerfest ihr Wahn,
Daß sie uns Haus und Hütten brannten nieder

Und unter uns den Holzstoß schürten an!

Was zürnen sie? Weil einst, was noch sie üben,
Gerichtet einen Sünder wir nach Fug!
Wenn das er lehrte, was sie tun und trieben,
Traun, war's kein Unrecht, was ans Kreuz ihn schlug!

Ihr schmäht, daß wir den Blick zum Mammon wenden;
Wie wir ihn suchen, suchet ihn auch ihr.
Nur tappt ihr plump nach ihm mit schweren Händen,
Mit leichter Wünschelrute winken wir.

Verachtet mich, doch will Triumph ich stimmen!
Zertritt mich, Christ, wie einen Wurm der Flur!
Muß ich mich unter deinen Sohlen krümmen,
Ist's doch vor Schmerz nicht, nein, vor Wollust nur!

Voll Lust ja denk' ich's unter deinen Füßen,
Wie deines Priesters halb du bist, halb mein;
Wie wir uns beid' in dich zu teilen wissen,
Sein soll das Jenseits, mein das Diesseits sein!

Ich denk's, daß meines Volks ein Mann darf winken,
Und Demant und Juwel, entfärbend sich,
Aus deines Königs stolzer Krone sinken,
Der dich auch treten kann, so wie du mich.

Braust hoch zu Roß dahin, im Goldesschimmer,
In Purpur wallend, schwingend das Panier!
Ich lieg im Kot und weiß, ihr seid nicht immer
So stolz und bückt euch noch herab zu mir.

Entfalt, o Christensaat, dein Prunkgefieder
Und schlag dein schimmernd Farbenrad als Pfau!
Des Regenbogens Leuchten spiegle wider,
Des Sternenhimmels Funkeln gib zur Schau!

Gern mag der Pfau im Sonnenglanz sich blähen,
Doch schämt er seines eklen Fußes sich.
Ich bin der Fuß, magst ihn mit Scham besehen,
Doch trägt nur er dein Prunkgebäud' und dich!

Und beugt der Unsern einer auch dem Quelle
Sein Haupt zur Weih' in eures Glaubens Bund,

Meint ihr, ihn lockt des Paktols reinre Welle?
Ich mein, er ahnt das Körnlein Golds am Grund!

Ha, jauchze nur, o Petrus, wenn gelungen
Solch Fischzug ist dem Netz in deiner Hand!
Denk' an das Krokodil und seine Jungen
Die heimisch auch zu Wasser und zu Land!

Und gönnst du, Christ, uns einst auch deine Fluren,
Gibst du uns Freiheit, Recht, Gesetz zurück,
Ein Krieg, den die Jahrtausende sich schwuren,
Den endigt nicht ein Friedensaugenblick!

Hier ist mir wohl! Hier sind wir gleich, wir beiden,
Verschmäht, getreten gleich, in diesem Land!
Doch unterm Tritte selbst des schnöden Heiden
Reich' ich dir nicht zum Frieden meine Hand.

Genug der Rast! Wie labt des Schlummers Bronnen!
Laßt sehn, wie die Geschäft' am Grab dort stehn.
Kauft Goldmonstranzen, Rosenkranz, Madonnen!
Kauft Kreuze, schmucke Kreuze, blank und schön!«

4.

Und wieder sah der Herr vom Ölberg nieder;
Ein Ostermorgen glänzt aufs Talgefild!
Ihn grüßen keine Glocken, keine Lieder,
In Lüften nur wehn Festesschauer mild.

Noch strahlt der Halbmond von den Zinnen allen,
Fest wie ein Ätherbild, siegreich und klar;
Doch auch das Kreuz am Grab ist nicht zerfallen,
Und nicht gewichen seiner Mönche Schar.

Doch nimmer treue Doggen sind's, umkreisend
Als Wächter ihres Herren Leichenstein;
Schakale nur, die Zähn' einander weisend,
Sich würgend um ein Grab und Totenbein.

Zersplittert in des Wahnes Sekten, fachten
Statt Friedenslampen Hassesglut sie an;

Nie fochten Kreuz und Mond so blut'ge Schlachten,
Als hier der braun' und graue Kuttenmann!

Altar und Kanzel werden Schanz' und Festen,
Feldlager ist der Dom, drin kampferglüht
Roms Mönch im Norden steht, der Kopt' im Westen,
Der Griech' im Ost, Armenier im Süd.

Des Pascha drohend Antlitz muß es wahren,
Daß nicht ihr Blut besudle den Altar:
Gebietend hält der Stock des Janitscharen
In Eintracht hier der Friedenslehrer Schar.

Dort in dem Klostergarten, rings umfangen
Von breiten Mauern, wie von Schanzen wohl,
Als ob vor eines Feindes Sturm sie bangen,
Berennend ihre Rosen, ihren Kohl;

Dort liegt ein greiser Mönch auf seinen Knien,
Mit weißem Bart, vom Morgenwind umweht,
Und zwischen Rosen, die vor Andacht glühen,
Wetteifernd sprießt gen Himmel sein Gebet:

»Schön seid ihr, der Provence grüne Tale,
Mein Heimatland, mir oft im Traum gegrüßt,
In das, gleichwie in eine goldne Schale,
Der Reben Born von sonn'gen Hügeln fließt;

Auf das des Ölbaums grüne Wälderkrone
Sich wie ein Kranz des ew'gen Friedens legt:
An dessen Herzen laut in hellem Tone
Der volle Pulsschlag frischer Quellen schlägt!

Ihr Haine von Orangen und Granaten,
Du grüne Trift, du farbig Blumenried!
Du endlos Gartenland, voll reicher Saaten,
Du wonnig Erbreich von Musik und Lied!

Doch schöner sind, o Zion, deine Tale,
Ein Hymnus aus Gestein, der schweigend klingt,
Wo schwebend über Schutt und Trauermale
Der Todesengel Hallelujah singt!

Ja, schöner ist dein fahl Gefild, zertreten

Vom Tritte der Geschlechter, die's durchwühlt,
Stumm wie die Lippen des Anachoreten,
Durch deren Ernst kein leises Lächeln spielt.

Ja, schön bist du, wie einer Mutter Leiche,
Ans Herz das Kreuz geschmiegt noch goldesklar!
Noch strahlt ein Ahnen durchs Gesicht, das bleiche,
Daß einst ihr Schoß der Welt Geschick gebar!

Und freudig soll mein morsch Gebein versinken
Einst in dein graues Leichentuch, o Tal,
Säh' nur mein brechend Auge wieder blinken
Von allen Zinnen hoch des Kreuzes Strahl!

Und ließest du auf allen Bergen wieder,
Herr, deine Oriflamme siegreich stehn,
Der Glocken Klang, der Christenpilger Lieder
Anstatt der Blumen übers Grab mir wehn!

Zwar als du jüngst in deiner Gottheit Schöne
Im Traum mir nah, rief donnergleich dein Zorn:
Hinweg, Unwürd'ge, ihr der Zwietracht Söhne,
Nicht fürder schändet hier des Friedens Born!

Ich pflanzte, reichen Schirms sich zu entfalten,
Einst meinen Fruchtbaum in den Erdenhain;
In tausend Äste habt ihr ihn zerspalten,
Und jeder Zweig will selbst ein Baum nun sein!

Es losten, als sie sahn am Kreuz mich ragen,
Um mein Gewand die Söldner unverweilt;
Doch ruchlos habt ihr selbst mein Grab zerschlagen
Und frech in seine Trümmer euch geteilt!

Ihr, die in meinem Dom um eine Stufe,
Um eine Pfort' ihr wild in Hader schwellt,
Wißt, daß der Erdball rings zu mir die Stufe,
Und meine Pforte rings die weite Welt!

Ihr, die ihr um ein Altarlämpchen streitet,
Ihr Blinden ahnt in eurer Nacht es kaum,
Daß, meines Lichtes voll, sich glänzend breitet
Rings um und über euch der Erde Raum!

Gewürm, bleib' an den morschen Steinen kleben,
Und nage fort am modernden Gebein!
Mein Wort, es quillt lebend'ges, volles Leben,
Und nicht gefesselt ist's an toten Stein!

So sprachst du Herr. Doch was mein Aug' in Tränen
Längst von dir flehte, hast du jetzt gesandt!
Es baute kühn ein Heer von Gottfrieds Söhnen
Sich Zelte in der Pharaonen Land!

In ihrem Blick die alte Schlachtenweihe,
Ums Haupt des alten Ruhmes Widerschein,
In Arm und Brust die alte Kraft und Treue!
Da wird wohl auch der alte Glaube sein!

Heiß glüht die Sonne! Doch ihr Haupt zu kühlen,
Gebricht's an frischen Siegespalmen nie.
Des Nilstroms Katarakte stäubend spülen
Des neuen Ruhmes Taufe über sie.

Dort steht der Feldherr auch! – Meint ihr, es biete
Hesperiens Gartenland ihm Kränze nur?
O seht, wie jetzt, sein Haupt zu kränzen, blühte
Als Lorbeerwald Sahara's sand'ge Flur!

Du hast, o Herr, ihm in den Arm gegossen
Von deiner Kraft, die Lebans Zedern bog,
Du hast sein Haupt mit deinem Geist umflossen,
Der einst in Flammenzungen niederflog.

Ich weiß es, seines Degens Feuerrute
Schwang über Murad Bei allein er nicht,
Und mit des Mamelucken Übermute
Geht nicht allein sein Zürnen ins Gericht.

Ich weiß, als Straße nur zu Zions Tale
Liegt ihm die Wüste vor den Augen da;
Ich weiß, der Pyramiden Riesenmale
Sind ihm die Staffeln nur zu Golgatha!

Da wird einst stehn, den Halbmond zu den Füßen,
Das goldne Kreuz hoch in der Hand, der Held,
Die graue Flur den grauen Mantel grüßen:

Er deckt, wie sie, die Größe einer Welt!

Auf Golgatha läßt ruhn er seine Aare
Ums Kreuz, des Sieg den schönsten Kranz ihm gab.
Die andern Kränze nimmt er aus dem Haare
Und legt sie nieder aufs befreite Grab!«

So sprach der Mönch. Und horch, die fernen Hügel
Erdröhnen dumpf, wie ehrner Heere Gang;
Und horch, in Lüften rauscht's wie Adlerflügel,
Wie ferner Waffenhall und Schlachtgesang.

Ja, seine Heere sind's! – Doch raschen Zuges,
Im Siegesglanz, ziehn sie vorbei, vorbei!
Ja, seine Adler sind's! – Doch stolzen Fluges
Rauscht ihres Fittichs Schlag vorbei, vorbei!

5.

Und Ostern wird es einst, der Herr sieht nieder
Vom Ölberg in das Tal, das klingt und blüht;
Rings Glanz und Füll' und Wonn' und Wonne wieder,
So weit sein Aug' – ein Gottesauge – sieht!

Ein Ostern, wie's der Dichtergeist sieht blühen,
Dem's schon zu schaun, zu pflücken jetzt erlaubt
Die Blütenkränze, die als Kron' einst glühen
Um der noch ungebornen Tage Haupt!

Ein Ostern, wie's das Dichteraug' sieht tagen,
Das überm Nebel, der das Jetzt umzieht,
Die morgenroten Gletscherhäupter ragen
Der werdenden Jahrtausende schon sieht!

Ein Ostern, Auferstehungsfest, das wieder
Des Frühlings Hauch auf Blumengräber sät;
Ein Ostern der Verjüngung, das hernieder
Ins Menschenherz der Gottheit Atem weht!

Sieh, welche Wandlung blüht auf Zions Bahnen!
Längst hält ja Lenz sein Siegeslager hier;
Auf Bergen wehn der Palmen grüne Fahnen,

Im Tale prangt sein Zelt in Blütenzier!

Längst wogt ja über all' den alten Trümmern
Ein weites Saatenmeer in goldner Flut,
Wie fern im Nord, wo weiße Wellen schimmern,
Versunken tief im Meer Vineta ruht.

Längst über alten Schutt ist unermessen
Geworfen frischer Triften grünes Kleid,
Gleichwie ein stilles, freundliches Vergessen
Sich senkt auf dunkler Tag' uraltes Leid.

Längst stehn die Höhn umfahn von Rebgewinden,
Längst blüht ein Rosenhag auf Golgatha.
Will jetzt ein Mund den Preis der Rose künden,
Nennt er gepaart Schiras und Golgatha.

Längst alles Land weitum ein sonn'ger Garten;
Es ragt kein Halbmond mehr, kein Kreuz mehr da!
Was sollten auch des blut'gen Kampfs Standarten?
Längst ist es Frieden, ew'ger Frieden ja!

Der Kedron blieb. Er quillt vor meinen Blicken,
Ins Bett von gelben Ähren eingeengt,
Wohl noch als Träne, doch die dem Entzücken
Sich durch die blonden, goldnen Wimpern drängt!

Das ist ein Blühen rings, ein Duften, Klingen,
Das um die Wette sprießt und rauscht und keimt,
Als gält' es jetzt, geschäftig einzubringen,
Was starr im Schlaf Jahrtausende versäumt,

Das ist ein Glänzen rings, ein Funkeln, Schimmern
Der Städt' im Tal, der Häuser auf den Höhn;
Kein Ahnen, daß ihr Fundament auf Trümmern,
Kein leiser Traum des Grabs, auf dem sie stehn!

Die Flur durchjauchzt, des Segens freud'ger Deuter,
Ein Volk, vom Glück geküßt, an Tugend reich,
Gleich den Gestirnen ernst zugleich und heiter,
Wie Rosen schön, wie Cedern stark zugleich.

Begraben längst in des Vergessens Meere,
Seeungetümen gleich in tiefer Flut,

Die alten Greu'l, die blut'ge Schergenehre,
Der Krieg und Knechtsinn und des Luges Brut.

Auf Golgatha, in eines Gärtchens Mitte,
Da wohnt ein Pärlein, Glück und Lieb' im Blick;
Weit schaut ins Land, gleich ihrem Aug', die Hütte,
Es labt ja Glück sich gern an fremdem Glück!

Einst, da begab sich's, daß im Feld die Kinder
Ausgruben gar ein formlos, eisern Ding;
Als Sichel däucht's zu grad und schwer die Finder,
Als Pflugschar fast zu schlank und zu gering.

Sie schleppen's mühsam heim gleich seltnem Funde,
Die Eltern sehn es, – doch sie kennen's nicht,
Sie rufen rings die Nachbarn in der Runde,
Die Nachbarn sehn es, – doch sie kennen's nicht.

Da ist ein Greis, der in der Jetztwelt Tage
Mit weißem Bart und fahlem Angesicht
Hereinragt, selbst wie eine alte Sage;
Sie zeigen's ihm, – er aber kennt es nicht.

Wohl ihnen allen, daß sie's nimmer kennen!
Der Ahnen Torheit, längst vom Grab verzehrt,
Müßt' ihnen noch im Aug' als Träne brennen.
Denn was sie nimmer kannten, war ein Schwert.

Als Pflugschar soll's fortan durch Schollen ringen,
Dem Saatkorn nur noch weist's den Weg zur Gruft;
Des Schwertes neue Heldentaten singen
Der Lerchen Epopee'n in sonn'ger Luft!

Einst wieder sich's begab, daß, als er pflügte,
Der Ackersmann wie an ein Felsstück stieß,
Und, als sein Spaten rings die Hüll' entfügte,
Ein wundersam Gebild aus Stein sich wies.

Er ruft herbei die Nachbarn in der Runde,
Sie sehn sich's an, – jedoch sie kennen's nicht!
Uralter, weiser Greis, du gibst wohl Kunde?
Der Greis besieht's, – jedoch er kennt es nicht.

Ob sie's auch kennen nicht, doch steht's voll Segen

Aufrecht in ihrer Brust, in ew'gem Reiz,
Es blüht sein Same rings auf allen Wegen;
Denn was sie nimmer kannten, war ein Kreuz!

Sie sahn den Kampf nicht und sein blutig Zeichen,
Sie sehn den Sieg allein und seinen Kranz.
Sie sahn den Sturm nicht mit den Wetterstreichen,
Sie sehn nur seines Regenbogens Glanz!

Das Kreuz von Stein, sie stellen's auf im Garten,
Ein rätselhaft, ehrwürdig Altertum,
Dran Rosen rings und Blumen aller Arten
Empor sich ranken, kletternd um und um.

So steht das Kreuz inmitten Glanz und Fülle
Auf Golgatha, glorreich, bedeutungsschwer:
Verdeckt ist's ganz von seiner Rosen Hülle,
Längst sieht vor Rosen man das Kreuz nicht mehr.

Epilog.

Wie der Somma Reben sprießen
Ans vesuv'schem Schuttgerölle,
Als ob eine Saat von Grüßen
Aus versunknen Tempeln quölle;

Hätt' es einer ahnen mögen,
Daß der Heidengötter Grabe
Einst entsteigt solch schöner Segen,
Dran manch guter Christ sich labe?

Wie zu Worms der Reben Kette
Um den Dom der Liebenfraue
Reich sich rankte an der Stätte
Der verbrannten Klosterbaue;

Wäre Ahnung wem geworden,
Daß einst gaukelnd um die Grüfte
Bärt'ger Kapuzinerhorden
Solch ein lieblich Träumen düfte?

Mögt ihr Reben aus dem Schutte
Fort und fort so herrlich wallen,
Bis zu duft'gem, saft'gem Schutte
Selber ihr im Herbst zerfallen!

Südens Reben, Nordens Reben,
Laßt empor die Ranken schießen,
Daß sie riesenhoch sich heben,
Beider Wipfel sich umschließen!

Wölbt euch dicht und schön zur Laube
Für die Freunde und den Dichter!
Südens Traub' an Nordens Traube
Und dazwischen Sonnenlichter!

Freunde, laßt uns lagern drunter
In dem grünen Dom der Zecher!
Keltert von den Trauben munter
In die tiefen goldnen Becher!

Und es werden selbst die Frommen,
Traun, uns nicht zu schelten taugen
Da, durch Christi Trän' entglommen,
Milch der Liebenfrau wir saugen!

Öffn' ein bißchen, Laubgewinde,
Uns zur Aussicht deine Halle,
Daß sich durch die sonn'gen Gründe
Unser Aug', ergehend, walle;

Daß wir durch den Kranz von Reben
Goldne Saaten wogend schauen,
Dorf und Kirchturm blank sich heben,
Strom und ferne Meere blauen.

Und die Burg mit morschen Warten,
Die als Puppe hängt am Hügel,
Doch vielleicht als Rebengarten
Schlägt einst schöne Falterflügel!

Seht im Wind das Laub sich kräuseln!
Mög' es einst, wenn Hörer lauschen,
Wie ein frisches Laubessäuseln
Auch durch unsre Lieder rauschen!

Herz an Herz, und Arm in Armen!
Weckt die jungen Keim' im Boden,
Daß sie meinen, zu erwarmen
Schon durch Frühlings lauen Odem!

Laßt ertönen die Gesänge,
Daß die Rosen in den Tiefen
Früh'r erweckt, als ob die Klänge
Eines Lenzes wach sie riefen!

Und umlacht von Blütenscherzen,
Und umspielt von Zephyrs Kosen,
Süße Hoffnungen im Herzen,
Sinken wir einst in die Rosen.

Über tredition

Eigenes Buch veröffentlichen

tredition wurde 2006 in Hamburg gegründet und hat seither mehrere tausend Buchtitel veröffentlicht. Autoren veröffentlichen in wenigen leichten Schritten gedruckte Bücher, e-Books und audio-Books. tredition hat das Ziel, die beste und fairste Veröffentlichungsmöglichkeit für Autoren zu bieten.

tredition wurde mit der Erkenntnis gegründet, dass nur etwa jedes 200. bei Verlagen eingereichte Manuskript veröffentlicht wird. Dabei hat jedes Buch seinen Markt, also seine Leser. tredition sorgt dafür, dass für jedes Buch die Leserschaft auch erreicht wird.

Im einzigartigen Literatur-Netzwerk von tredition bieten zahlreiche Literatur-Partner (das sind Lektoren, Übersetzer, Hörbuchsprecher und Illustratoren) ihre Dienstleistung an, um Manuskripte zu verbessern oder die Vielfalt zu erhöhen. Autoren vereinbaren direkt mit den Literatur-Partnern die Konditionen ihrer Zusammenarbeit und partizipieren gemeinsam am Erfolg des Buches.

Das gesamte Verlagsprogramm von tredition ist bei allen stationären Buchhandlungen und Online-Buchhändlern wie z. B. Amazon erhältlich. e-Books stehen bei den führenden Online-Portalen (z. B. iBookstore von Apple oder Kindle von Amazon) zum Verkauf.

Einfach leicht ein Buch veröffentlichen: **www.tredition.de**

Eigene Buchreihe oder eigenen Verlag gründen

Seit 2009 bietet tredition sein Verlagskonzept auch als sogenanntes "White-Label" an. Das bedeutet, dass andere Unternehmen, Institutionen und Personen risikofrei und unkompliziert selbst zum Herausgeber von Büchern und Buchreihen unter eigener Marke werden können. tredition übernimmt dabei das komplette Herstellungs- und Distributionsrisiko.

Zahlreiche Zeitschriften-, Zeitungs- und Buchverlage, Universitäten, Forschungseinrichtungen u.v.m. nutzen diese Dienstleistung von tredition, um unter eigener Marke ohne Risiko Bücher zu verlegen.

Alle Informationen im Internet: **www.tredition.de/fuer-verlage**

tredition wurde mit mehreren Innovationspreisen ausgezeichnet, u. a. mit dem Webfuture Award und dem Innovationspreis der Buch Digitale.

tredition ist Mitglied im Börsenverein des Deutschen Buchhandels.

Dieses Werk elektronisch lesen

Dieses Werk ist Teil der Gutenberg-DE Edition DVD. Diese enthält das komplette Archiv des Projekt Gutenberg-DE. Die DVD ist im Internet erhältlich auf **http://gutenbergshop.abc.de**